華志文化

華志文化

華志文化

華志文化

烏合之眾

大眾心理研究

本書把心理學的作用帶到了世界的最頂端。
是社會心理學領域中最具影響力的著作。
深刻思考群體行為並意欲有所作為的人們，
都應該閱讀本書。

古斯塔夫·勒龐（法）
Gustave Le Bon/原著
吳松林/譯者

The Crowd A Study Of The Popular Mind

名家名譯
大師智慧

心理大師古斯塔夫·勒龐的巔峰之作
佛洛伊德讚譽為一本當之無愧的名著

一部政治、經濟、管理的心理學經典
一部流傳將近百年的心理學暢銷鉅著
全世界近二十多種版本銷售上千萬冊

目錄
CONTENTS

第三卷 不同群體的分類及其特點

勒龐《烏合之眾》的得失

羅伯特・墨頓（Robert Merton）

權威著作《社會心理學手冊》（*Handbook of school Psychology*，ed.by Gardner Lindzey，一九五四）中，美國的社會心理學大師奧爾波特（Gordon W. Allport）十分肯定地說：「在社會心理學這個領域已經寫出的著作當中，也許勒龐的《烏合之眾》最有影響力。」此書是否值得有著這麼重要的地位，是可以提出疑問而且一直就存在爭議的。不過它對人們理解集體行為的作用以及對社會心理學的思考有著巨大的影響，這一點是毋庸置疑的。除此之外，在「孤獨的人群」和「千人一面」已經成為美國民眾形容自己感受和處境的恰當用語的時代，我們也要看到此書的適時性。

勒龐這本小書持久的影響力，這一點有些難以理解。一八九五年它初次上市時，我們可以用趕時髦來形容它，但是，假如這種時髦持續了大半個世紀仍舊存在，那麼可以肯定的是它一定有其獨特之處。我們如果把它的性質再考慮進去，就會更加對其如此長久的影響力百思不得其解。書裡所包含的真理，可能很多內容都被人說過，甚至

社會心理學家奧爾波特

比勒龐在此書中的說明更有說服力，有些在他寫此書之前都出現過，此後的論述更是自不言說。這本書在知識界也有著不容忽視的影響。更讓人難以理解的是，《烏合之眾》提出的一些觀點現在已經被證明是錯誤的或者是有誤導作用的，但是卻仍是我們這些研究群眾行為的人必讀文獻。最後，書中還包括各種互不諧調的意識形態，但是在篤信各種迥然不同的意識形態的作家中，在看待它的時候依舊是有著十分認真的態度。也許，要想解開這團表面看來充滿矛盾的亂麻，我們首先需要的是要思考它對我們今天的意義。

《烏合之眾》所經歷的一個事實，就容易幫我們解除這種困惑。被勒龐的觀點所影響的，不但有那些如民粹派社會學家羅斯和心理學家麥克道格爾等基本上全盤接受它們的人，甚至是一些如作為社會心理學家的佛洛伊德和社會學家帕克等反對它們的人。反對者可以激烈反駁勒龐的言論，但是他們不能對它視若無睹，至少，假如他們依舊關心社會心理學的問題，他們就不能這樣做，因為那都是些基本的問題。

它幾乎從始至終表現出一種對重要問題的敏感性，這就是勒龐此書的主要貢獻。大法官霍爾姆斯先生說，勒龐在這本書中表面，他具有「脊髓中的本能」，只是在很少數思想家中，才會有這種不斷發現有研究價值的問題的能力。對於社會心理學家以及所有思考自己社會的人，勒龐的著作關注的問題，可以說注定會是十分重要的問題。這本書的書名有著讓人迷惑的局限性，但是它談到了很多人們通常並不與「人群」聯繫在一起的現象。可以說，在勒龐的這本書的各方面，用十分簡約甚至時代錯置的方式，觸碰到一些現在人們所關心的問題，包括社會服從和過度服從、群眾的反叛、群眾運動、趣味單一、大眾文化、受別人支配的自我、官僚化過程、人的自我異化、逃避自由投向領袖的懷抱和無意識在社會行為中的作

社會心理學家弗洛伊德

社會學家帕克

用，等等。總結來說，他把很多現代人面臨的社會問題和觀念都考察到了。我相信，這本小書所涉及的問題的多樣性，也是使它有著持久意義的重要原因。

所以，《烏合之眾》有發現問題的功能而非解決問題的功能，這就是它當代的意義。看一下此書對佛洛伊德的意義就能知道，這兩種制式功能雖然有關聯，還是有很大區別的。佛洛伊德提供了一條主要管道，使勒龐的思想進入當代人的頭腦進而產生影響。在二〇年代時當佛洛伊德把注意力轉到「群眾心理學」（這是他的「Massen psychologie」一詞的習慣譯法）時，第一本專著《群眾心理學與自我的分析》發表了，其中有一章是專門討論勒龐這本書。他開頭就是這樣評論：「勒龐的《群體心理學》（*Psychologie des foules*，該書法文原版的書名），一本受之無愧的名著。」又以相似的結論總結道：「他極為精彩地描述了集體心態。」這兩個判斷中間又是大篇幅引用《烏合之眾》中的內容，數量很多，加上佛洛伊德簡短的評論，幾乎是全書的六分之一。

但是人們很快就會明白，佛洛伊德並不是對勒龐這本書持明確的贊成態度。在接下來的一章，他便把前面對勒龐思想的讚頌之詞收回，他說：「……我們現在必須補充一句，其實作者的所言沒有一點新意。……除此之外，勒龐等人對群體心理的描述和評估，絕不是沒有爭議的。」

這些否定性評語看上去有些不禮貌，也有悖於佛洛伊德幾頁之前的說法。不過，這種雙重否定可能是流露出他內心的真實感受，而非失禮的無用之詞。「誇張」一直都是一種表明觀點的直接的技巧。因此，假如我們剔除掉佛洛伊德表達這種判斷時所採用的誇張語氣，只將其實質保留，然後問一句：假如勒龐的話既無新意又有錯誤，為什麼如此重視它呢？為什麼佛洛伊德與許多嚴肅的評論家一樣，懷著從知識角度以明顯的尊重來看待《烏合之眾》呢？他為什麼把這本書作為自己論述社會心理學的起點？佛洛伊德用可敬的直率態度回答了我們的問題：「我們把勒龐的言論作為我們的引路人，原因是它強調無意識精神生活，這點非常適合我們的心理學。」

佛洛伊德對於自己重視勒龐的思想提出一個簡單回答，乍看好像無可厚非，但是它並不全面。他只是對自己如何從勒龐的著作中找到了優點進行解釋，卻沒有回答自己為什麼要貶斥勒龐的思想既無新意又有錯誤。要想真正明白佛洛伊德這種前後矛盾的態度，還需要做進一步的解釋。佛洛伊德對勒龐在態度上的前後矛盾是既定事實。他在這一頁否定勒龐，然而又在下一頁紙上認可它，勒龐「對群體心態做了出色的心理學說明」。

在佛洛伊德論述勒龐的一章中，可以找到對這種矛盾態度的思想——而不是心理學——解釋。在這裡，可以說他是用一種以子之矛，攻子之盾式的蘇格拉底對話的方式，為兩個角色寫出台詞。這種矛盾態度的基礎追根究柢就是：勒龐可能只是發現問題，而佛洛伊德可以成為解答問題的人。因為我們不能確定勒龐是否能夠既當問題的發現者也當問題的解答者。對於前一種發現問題的能力，勒龐值得稱讚表揚的，佛洛伊德也並不吝嗇讚賞。至於後一種解答問題的能力，勒龐的學說具備較少的價值，甚至是不正確的；而佛洛伊德則堅持認為，勒龐既無新意，解答又不正確。佛洛伊德把這兩種角色交替派給勒龐，於是他本人也搖擺在這種矛盾態度的兩極之間。最後，佛洛伊德為所有這些論述提供了一幅清楚的畫面（雖然這幅畫的形象需要大加修改）：勒龐播種，佛洛伊德澆水並培育其生長。在佛洛伊德看來，勒龐作為發現問題的人，只是把群體生活重要的面向指了出來，但並沒有做出相應的解釋。

勒龐討論了「感情的強化」與「理智的欠缺」，因而點明了群體心理的「基本」事實。但是佛洛伊德說，勒龐並沒有看到群體成員之間建立感情聯繫的心理過程的原因。作為發現問題的人，勒龐也意識到了群體和有組織的團體之間「感情傳染」和易受暗示的強大作用，但是佛洛伊德認為，勒龐沒有認識到，這是團體成員與領袖以及其他團體有著本能性關係的產物。

勒龐意識到，如果沒有任何聯繫，「只是一些人聚在一起，根本不夠形成團體」，但是他卻不清楚這種聯繫是怎麼形成起來的。

勒龐特意強調了群體感情的易變，愛與恨的猶豫不決以及它的團結和仇視態度，但是他卻忽視了群體的矛盾和理想化（這時受到過分尊重的人物會變得不容批評）傾向的心理機制。

勒龐「生動描述了」群體缺乏感情約束以及它「沒有中庸與三思而後行的能力」，但是他沒有什麼論述，使自己能夠清楚看出這是退化到某個早期階段的結果。（甚至佛洛伊德這樣的大人物有時也會不在狀態之中。他說勒龐的退化觀念不明確，這是對的；但是勒龐多次把群體所特有的衝動、「缺乏理性、缺乏判斷力和批判精神、誇大感情」看成「低級進化形態的生命中的傾向，例如婦女、野蠻人和兒童」。所以佛洛伊德已預見到了勒龐本人的錯誤，當他退化到「不必奇怪可以在野蠻人或兒童身上看到的早期階段」的結論時，很明顯婦女被排除在了這個階段之外。）

佛洛伊德錯誤地、有些偏激地說，勒龐沒有「推測出領袖在集體心理中的重要性」，而他能夠把領袖在集體行為心理過程中的強大影響力解釋出來。佛洛伊德沒有注意到，勒龐給英雄神話賦予了極大的重要性，這和佛洛伊德在與奧托·蘭克討論之後認為英雄神話是個人把自己從不斷的集體統治中解放出來的手段相同。

勒龐看到並強調了群體中的「扯平」趨勢，它要求在受壓制的平庸水準上給予充分平等。但是據佛洛伊德的判斷，他沒有發現這不過是一個潛在過程的外在的可見後果，在這個過程中，群體成員「透過對同一個目標有著相同的敬愛並且擁護而互相認同」，「目標」在佛洛伊德這是指領袖，是專業術語。

勒龐用自己的語言，對作為群體和群體成員標誌的「服從的欲望間」進行了充分的說明。但是他就停在這裡，沒有意識到出現這種情況的原因是領袖身上的集體理想把自我理想取代了。

最後，佛洛伊德犯了個有價值的錯誤，他認為，勒龐把自己的研究框在有烏合之眾特點的暫時性集體上，實際上他是在無意中碰到了一個最有價值的研究題目，因為只有在這種暫時聚集的人群中，才能夠最準確地看到個人對群體的要求言聽計從到寧願把自己獨立自主的精神都放棄。佛洛伊德這樣對勒龐的群體概念進行定義是不對的，只要往下再繼續讀幾頁，就可看到這一點。不過，聰明的人即使犯下錯誤，別人也會從其中得到收穫。佛洛伊德的錯誤是個聰明人的過失、因為粗心而產生真理的幸運過失，雖然佛洛伊德認為勒龐的陳述「只涉及短命的集體」是不對的，但是這個錯誤卻讓佛洛伊德讚揚勒龐選取了這些「喧鬧的、暫時群體」進行研究，「它們只是集體中的一個類型，我們從中能發現，正是那些被我們看成是個人特性的因素，徹底消失了，雖然是暫時的。」佛洛伊德用這些話詳細說明了在科學研究中一個普遍適用、在社會科學中特別需要強調的基本原則，因為認識到它的人很少。這就是搜尋「重大研究領域」的原則，也就是尋找這樣一些課題——這裡的具體課題就是暫時性的群體——它能夠讓人對那些可以取得特殊優勢的科學問題進行研究。

佛洛伊德以為他做過的事情，勒龐只是做了部分，然而他是在潛移默化中這樣做的。他更多地研究了暫時性的群體，但並沒有把自己框定在這個範圍。根據他的研究，「群體」是個寬泛的概念，不但指暫時聚集在一起的人，而且指一些例如組成議會、宗派和階級等持久存在的團體和社會階層。不過，勒龐不僅關注較有生命力的公眾，同時也關注更為持久的階級，更為注意那些形成政治暴民的短命人群，所以他實際上抓住了一個研究集體行為的重要時機，也就是在可視性極佳的時刻研究它們。可以這樣認為，佛洛伊德很明顯是把勒龐並沒有的方法論技巧也列到了他的名下。佛洛伊德得出這個對勒龐有幫助的評價，原因並不是他注意到了在這個具體研究中勒龐做了科學家都在從事的公眾，也就是找到了重大的研究素材，它們能夠把比所研究的事情更為廣泛的變數之間的相互作用揭示出來。

從佛洛伊德對待勒龐的矛盾態度中我們可以得出結論：勒龐在人群和集體行為的突出特徵這一塊有著非常敏銳的掌握能力，但是他並沒有對它們做出令人滿意的說明。以這種評價為根據，勒龐如同一條專門尋找塊菌的狗，他在社會心理學表層的某個位置上停留片刻，因為它下面有些別人沒有發現的重要的理論塊菌。佛洛伊德自己形象的設計反而與勒龐的相反，他覺得他是個能夠透過現象看到本質的人，能夠將社會心理學的塊菌找出來，把它們製作成一道美味的知識佳餚。這兩種形象對他們兩人以及他們的著作都有失公正，然而也是有著一定的道理的。勒龐是群體社會心理學問題的發現者，而佛洛伊德也是個發現者，且在某個階段很有想像力，甚至會成為這個領域的一個能成功解決問題的解決者。在對佛洛伊德對待勒龐的矛盾態度做出評價之後，一些可以被稱為重要的新思想（但是別人已經有所預見，所以並不是不可或缺的）和一些正確而有意義的思想（但並不十分深刻，所以只有提示的意義）的貢獻和局限性我們就會看到。對勒龐這本《烏合之眾》的矛盾態度，就是一個非常恰當的例證。

佛洛伊德對這本書的感受也很正常。這裡單單把它舉出來予以說明，並不是因為所有提到像佛洛伊德這樣機智而富有創造性的頭腦的作品的時候，都會讓我們後輩感到高興，而是因為他對勒龐的理解，包括他的造成意外收穫的誤解，都對我們理解此書有很大的幫助。如果佛洛伊德在提出自己有關人的社會行為的思想時，從中發現了很多有現實意義的因素，那麼在較小的範圍內我們也可以做到這一點。他的書中有許多的發現，儘管整體而言沒有發現任何完全正確或新穎的觀點，但這對我們也有受益：勒龐的表述並不是蓋棺之論，而只能算是一個為這個題目的更為先進的觀點提供了重要指標的起點。

一組有現實意義的因素，給佛洛伊德對此書的解讀賦予了意義，同樣它也可以為我們的解讀帶來意義。這需要我們發掘出書中很多比它的字面涵義更多的東西。讀者不僅要留心勒龐多有論述的問題，還要留心他有時在不經意間表露的思想，這樣我們就能感受到人的社會行為中自己過去沒有留心的某些方面。就像許多別的書一樣，假如讀者想從書中獲得一些東西，很重要的一點就是必須要讀出字裡行間的涵義。這也適用於我們中間那些組成了各類團體的人，尤其是那些吵著自己不信服的人們（其實他們被嚴格的要求約束著）每個人都會發生作用的服從傾向的話。

《烏合之眾》裡包含著豐富的現實意義，其中很多是潛藏在字裡行間，而這也是它得以具有經久不衰的影響力的原因。這種影響力也在於它的主要論點屬於一些複雜思想的一部分，它們大多數還是和我們同在，也就是強調人的行為中反理性或非理性的特點。這是一幅世紀末的人類畫像，人類被描繪成了很容易受到操縱、不明所以地情願受騙上當的人。不過這明顯是一幅半成品的肖像畫，因為如果有些人被控制，一定有一些人在控制著。所以從本質上說，有些人是把別人當作實現個人目的的方法。另一個更深刻的假設是，人類有時候往往太會自我欺騙，他能夠有理有據地把罪惡說成美德，為了犯罪而把美德否定。人類性格的這幅畫像還致使了一種社會哲學和社會學觀點的誕生，認為人類在社會的引導下特別容易變得很愚蠢，使他天生的才智或是因為追隨烏合之眾而變得平庸，或是用途邪惡，作為那些不太奏效的暴力和壓迫的幫凶，蒙騙自己的同胞。

人不但不理性而且自私自利，易於衝動且沒有常態，或者是利用理性卻做喪盡天良的事情。他不但是暴力和虔誠騙局的實行者，又是它的犧牲品——這樣一幅人類畫像，在勒龐寫此書時當然不是什麼新見解。至少從《君主論》的時代起，這個標題明顯強調的是控制者，一直到《烏合之眾》的時代，這個標題轉向了強調被控制者，每個世紀的馬基維利主義作家，都不斷地有這樣的形象設計出來。不過同樣真實的是，在十九世紀後半葉，它才開始引人注意且延續到現在，人類是完美的理性動物這一形象，即使沒有被消滅，也被它破壞。

對於人類及其行為中這個令人厭惡的方面，心理學家、社會學家、社會哲學家、政治理論學、政論記者以及有創造性的窮困潦倒的小說家，都寫過很多的書和順應潮流之作，勒龐的《烏合之眾》是其中之一罷了。一八九五年，也就是這本書出版的同一年，布羅伊爾和佛洛伊德的突破性力作《歇斯底里症研究》也同時發表，這是個值得讚揚的巧合。它們的同時出現，我們不能簡單地說是出於偶然，因為只有在造成對人類非理性進行強調的著作大量出現的相同社會條件下，這種思想相近的著作才有可能在同一時期都出現。

也許有人不贊同這種說法，認為每個時代都有自己的問題，每個時代都會固執地認為面對著理性的黎明或非理性的開端。但是這種觀點是不對的，它畢竟沒有對這種時代的自我形象，在十九世紀下半葉的法國為什麼如此迅速地將人心抓住進行說明。回頭看一下十九世紀五〇年代，由龔古爾兄弟組成的那個兩人文學小組，對於小組內的意見一致他們從沒滿足，一起預言患了貧血症的歐洲文明將遭受野蠻人的攻擊，這不是指那些在歐洲已經找不到的野蠻人，而是在他們看來的那些粗野的工人，他們說，這些人會稱自己的這項任務是「社會革命」，當時法國的人道主義知識份子——泰納、聖伯夫、諷刺作家「加瓦爾尼」、勒南，包括龔古爾兄弟生活和工作的那個圈子裡的其他人，對眼前的「道德衛生狀況」都是誠惶誠恐，對未來的日子也是疑惑不定。他們的預言和勒龐這本書的內容在很多方面都沒有什麼區別。例如泰納就預言說，二十世紀的人會有活力有餘而悟性不足的表現。

關於群眾不久就要發生的統治，還有著比這些含糊的預兆更多的現象，這些足夠證明，從社會學的角度看，勒龐思想的出現是必然的，因為在同一時間，另一位社會心理學家義大利人西蓋勒也提出了幾乎一樣的思想，而且其中很多思想法國人塔爾德也同樣表述過。只要是兩、三個人幾乎同時有著相同的思想，就一定會出現誰是思想先驅的爭論。這場長久不斷的爭論也是勒龐多次別有用心地重複他十五年前就群體的「模仿」和

「感情傳染」問題說過的話的原因。他與西蓋勒多次進行著或是公開或是旁敲側擊的爭吵，這是勒龐的典型風格，西蓋勒在自己的《宗派心理學》中率性而憤怒地稱自己是先驅，並說勒龐的《烏合之眾》「顯然大部分都是在抄襲我的著作」；在《犯罪群體》的第二版中，他又突發奇想，抱怨勒龐「對群體心理進行討論時利用了我的觀點，卻對我一字未提」，又說，「我一點也沒有正話反說的意思，我認為我的觀點被採納卻沒有提我的名字，再沒有比這更高的讚揚了，對此我絲毫沒有懷疑」。我們當然沒有興趣對這些一度激昂的優先權聲明做出宣判，事後的判決是屬於那些有知識成就的重要法官、那些思想史專家來做。在西蓋勒和勒龐以及較小的程度上與塔爾德之間的爭吵，對我們來說意義在於，許多人同時有著基本相同的思想，並且至少部分地相互獨立存在，這證明了這些思想出現的必然性，因為文化遺產中已經為它積累起了知識前提，還因為受著社會引導的興趣，已經把思想家們的注意力向能夠產生這些思想的問題轉移了。

有充足的證據，而不是捕風捉影，我們就可以認為，勒龐的著作有很多是對當時文化氣氛的反映。回憶一下十七世紀格蘭維爾的氣象學比喻吧，在二十世紀懷特海使它復活之前，它一直悄無聲息。形成一種輿論氣氛的思想，符合了人們的趣味，這不是出於偶然。它們能夠得到普及的原因是，深層社會結構出現的變化，這個結構由於各種壓力和緊張關係已在咯咯作響，或是因為嚴重的震盪和變化讓一些人們接受的思想重新有了意義，或讓一些和當前無關的思想變得並不恰當（它們還會固執地表現自己，因為並不是文化中的一切都被社會結構所決定，還包括同樣的結構壓力對該結構中地位不同的人所帶來的意義也是不同的）。一般來說，思想的創造性和普及這種思想，都需要同樣的社會條件。具體而言，我認為，那些讓勒龐的言論和思想得以迅速普及的重大歷史事件，也就是對他提出那些思想產生很重要的作用的事件。同樣是這些事件，讓他的聽眾和勒龐產生了共鳴。

只要多少瞭解一下勒龐度過其漫長一生的歷史背景，就能知道他對群體中的個人的描述對於他本人和他的讀者具有的意義都非常巨大，以及他根本沒有機會修改太多這些描述的原因。勒龐於一八四一年出生，那個民眾以為會很有革命精神的國王路易菲力普，竟然完完全全成了一個保守派，從而讓喬裝打扮的激進主義和空想社會主義得到了傳播。當勒龐七歲的時候，巴黎打起了街頭戰，最後國王迅速退位。在「六月起義」的慘烈巷戰後，路易波拿巴親王成了第二共和國的總統，取代了國王。當時他還不能理解路易波拿巴是怎麼巧妙地利用民眾，將總統職位變成皇位，以拿破崙三世的稱號高傲地統治著第二帝國。不過後來，到了十九世紀六〇年代，勒龐對這位皇帝安撫民心的十年統治顯然是贊同的，他是想避免民眾的反叛，只想讓巴黎民眾在色當慘敗後能夠忘掉歐洲。一八七一年的公社期間，激進派、共和派、普魯東派和布朗基派等一夥人掌握了政權，雖然很短暫，但勒龐對此非常憂慮。對於這次反叛，馬克思的心情也是自相矛盾，稱它為一個巨大的政治錯誤，但卻又認為它是預演了工人為自己的權利而舉行起義，是他們最終獲得解放的序曲。作為一名成熟但並不是非常敏銳的觀察家，勒龐看到了一八七〇年成立的第三共和國的審判、那些蜻蜓點水式的政府更迭，以及為了統治群眾而借助於造謠惑眾的努力（有時的確有效果）。更為重要的是，對不久之後便要動筆的《烏合之眾》很有幫助，勒龐親眼看到了那個猶豫不決而又好戰的煽動家布朗熱將軍迅速將潛在實力取得的過程，他在一八八六年七月十四日，如同「馬背上的人」，騎著自己那匹名為「突尼斯」的戰馬走進了歷史的舞台。

勒龐在全書中提到了兩次布朗熱，一次是直接提到他的名字，另一次只是間接的暗示，英譯本的譯者因為拿不準讀者是否已經忘記了那段歷史，覺得加上一條指名道姓的注釋很有必要。後面這個暗示表明，勒龐本人作為一個不能說提心吊膽但卻心情低落的保守派，對群體及其社會心理學的理解，在很大程度上是以他對在自己面前發生的事情的觀察為基礎的。勒龐這樣寫道：

群體很容易做出劊子手做的事，同樣也很容易大義凜然（這種有關矛盾心理的論述讓佛洛伊德很是喜歡）。正是群體，為每一種信仰的勝利可以血流成河（然後勒龐又補充了和我們的目的非常相符的話）。想對群體在這方面能做什麼事情進行瞭解，不用回顧英雄主義的時代。他們在起義中可以犧牲自己的生命，就在不久以前，一位頗有盛名的將軍，可以很容易地找到上萬人，只要他下一道命令，他們就肯為他的事業犧牲性命。（見本書第一卷第二章第一節）

這個將軍就是布朗熱。這段布朗熱插曲即使法國人還沒忘記，美國人想來早就忘掉大半了，這和那些可怕而短命的時期一樣，強大有力的煽動家因為最終沒有把自己接手的政權合法化，通常每個國家受到廣泛閱讀的史籍都會將之遺忘。但是在十九世紀八〇年代的後五年裡，布朗熱將軍和他那群政治烏合之眾的崛起，包括那場佔領法國政治舞台的布朗熱主義的運動，它的規模就像約瑟夫．麥卡錫參議員和被稱為「麥卡錫主義」的那場將五〇年代前佔領五年美國政治舞台的運動一樣。（可笑的是，這兩件事連細節竟然都非常相像，在政治上垮台的麥卡錫三年後落魄而死，因被控指叛國罪害怕被審判的布朗熱逃離了法國，三年後同樣自殺。）

如此匆忙地談論這些人和運動，從時間上來說它們相隔幾代人，社會空間也非常遙遠，所以猛一看很像是些無趣的歷史類比。勒龐的《烏合之眾》寫的畢竟不是歷史，他依託於歷史，是試圖把群體性格和行為中多次出現的相似之處找出來，它們只有在細節上的不同。雖然勒龐的思想經歷中找不到證據表明，他首先將布朗熱插曲提出來是想用歸納法把群體社會心理的發展脈絡找出來，但是這段插曲的確吸引了他的注意力，在這一點和當時那些不假思索的法國人是完全不同的。

變成偶像的布朗熱的這段短暫而暗淡的歷史，讀起來很像一部由勒龐創作的反映領袖和群眾關係的社會心理學劇本。但是，事件是發生在此書之前，所以更準確的假設是，勒龐總結了這個事件，不是布朗熱和他的追隨者對這部著作進行預演。作為勒龐關於群體行為的思想之根源和可能的依據，我們就不能忽略布朗熱主義。

在經歷了穩步拔擢之後，布朗熱成為法國軍隊中最年輕的將軍，之後進入了作戰部，主要工作是給當時的激進派領袖克萊孟梭制定一些祕密決策。他最開始得到廣泛的支援是因為讓軍隊的生活條件得到了顯著的改變，現在已不是習慣於艱苦條件的職業軍隊，是以一些暫時變成軍人的普通文官為基礎的。後來，他變成了一個多面向人物，不同的人會採用不同的方式。第三共和國許多大眾心情不滿，認為他是讓他們不滿的主要根源——政權小丑的領袖。布朗熱本身沒有政治信仰，所以他能夠而且也確實承諾滿足許多政治派別相互對立的利益。他同意與戴魯萊德的愛國者同盟，要用武力來執行他們的沙文主義主張，要洗刷民族恥辱把德國人趕回萊茵河；對於波拿巴主義者，他答應要恢復帝國，對於給予他經費的保皇黨，他同意把君主制恢復了。形形色色的政治群體，社會主義者、機會主義者、溫和的共和派和持不同意見的激進派，他都能讓每一派都把他當作「他們的人」一樣看待。這些群體因為共同反對政權而暫時結合在一起，都把布朗熱當成他們事業的領袖，哪怕他本人只有將軍的事業，實際上別的任何事業都不支持。整個民族群體的種種矛盾，在領袖個人身上得到了統一。

政治事件一輪輪接踵而來：一八八六年巴士底獄紀念日，巴黎的群眾在朗香高呼，他們支持將軍，不要總統；在將軍競選取得勝利後，巴黎人民繼續呼叫著要他進軍愛麗舍宮；報紙對他也是言聽計從，最開始是羅什福爾的《不妥協者報》，接著是維伊奧的《宇宙報》，再後來，其他一些報紙也都是異口同聲，都成了宣傳將軍及其運動的報紙，在還沒有對已經說過什麼進行證實之前，便盼望著聽聽「他們在街上正說些什麼」；獻給「我們勇敢的將軍布朗熱」、「啊！復仇將軍」和「希望將軍」的讚美詩迅速增加，這些歌不但宣洩了群眾的感情，而且也把他們的感情控制住了；很多玩具、機械工具，乃至——竟然偶像化到這種地步——燒酒，都用這位備受擁戴的領袖的名字命名，換句話說，這一時期被布朗熱主義短暫而強烈地支配著，它幾乎就要以一次新的霧月十八日而大獲全勝。對這些事情無需再更多地描述細節，它們只是勒龐《烏合之眾》中的一頁（當勒龐說那個無名將軍「只要他一聲令下，可以輕而易舉地找到上萬人，他們就肯為他的事業犧牲性命」時，文字裡透漏出這些意思）。

布朗熱故事餘下的部分這本書裡也有，只是將會用一些概括性的語言出現。特別恰當的紀錄是群體——尤其是巴黎，別的省也差不多——愛恨無常所造成的迅速變化的左右搖擺：布朗熱今天還備受推崇，明天就成了犯人。勒龐在布朗熱的迅速崛起中，也許找到了可以用於全書的一條公理，也就是根據名望的起源來說，取得成功就是最大的成功，這和他從布朗熱的突然垮台中找到的另一條相關的公理一樣，雖然他沒有明顯地表達出來，這就是，從名望危險的衰落來看，「失敗」就是最大的失敗。當法國聰明的政治家（主要是指老牌政客、法國內務部長孔斯坦，但不是他一人）不斷尋找這位大眾英雄的很多弱點時，他很快就失敗了，就像他很快得勢一樣。布朗熱害怕遭受叛國罪的審判，帶著他多年的可愛情婦瑪格麗特．德．邦曼逃離法國，最先去了布魯塞爾，很快被驅逐出境後，又到了倫敦，隨後是澤西，最後又回到布魯塞爾。他在逃亡過程中依然很天真，是個樂觀主義者，在布魯塞爾發表了一些沒人關注的宣言，最後他終於意識到，法國各政治群體一定再次落入了奸詐的政客手中，他已經不是可以操縱他們命運的人了。政治失敗給他帶來嚴重的打擊，再加上一八九一年瑪格麗特因結核病去世，讓布朗熱在兩個月裡悲痛欲絕，最後也躺進了安葬著瑪格麗特的伊克塞勒墓地。

勒龐和他的同代人都見證了這一切，但是他對自己的所見做了思考，這一點和他們中間的很多人不同。在這齣戲的過程中，他看到巴黎輕浮的民眾短時間內忘記了他們的馬背英雄，在一八八九年六月，也就是布朗熱逃離法國不久，萬國博覽會開幕。在眾多讓人愉悅的事情中，埃菲爾鐵塔鶴立雞群，它那伸向天空三百公尺的鋼鐵身軀，是在宣告一個新世紀就要到來，這個新世紀裡，鋼鐵城市將把石頭城市取代。在對群眾的輕信和多變進行思考時，勒龐也一定從他們對那個本土英雄的報復性攻擊中獲得證據，說明他們「為自己曾向一個已不再存在的權威唯命是從而進行報復」（見本書第二卷第三章第三節）。

勒龐很用心地觀察這一切，並用概括的形式把它們寫到自己的《烏合之眾》一書中。哪怕布朗熱插曲沒能為他的社會心理學磨房提供足夠的糧食，當時的歷史供給他充足的原料也是非常容易的。在布朗熱主義消失後不久，雷賽布——一個能移動山嶽、鑿穿地峽的人——戲劇的最後一幕便上演了。他因蘇彝士大獲成功而負有盛名，卻因巴拿馬運河引起的醜聞而失敗而下台。在年屆八十八歲時，他佩戴著榮譽軍團大十字勳章，很是自豪，沒想到會有五年的牢獄生活在等著自己。對於這件事，勒龐難以做到心平氣和，也沒能保持學術上的超然品格。於是在《烏合之眾》的一些地方，我們看到的是他怒氣滿腹地分析了民眾是怎樣攻擊這位「歷史上最了不起的英雄之一」。

這一系列事件的歎為觀止之作，就是被那些充分理解其涵義的法國人還稱之為「大事件」的那件事，它也許讓此書的寫作進度得到了加速，對此我們也不能確定。勒龐寫這本書的同一年，國內出現了起訴德雷福斯上尉的事件，很快他受到祕密審判並以叛國罪定刑，然後軍銜被剝奪，他的懲罰就是在魔島上終生服刑。他是第一個被允許進入總參謀部的猶太人，同時也是個阿爾薩斯人。法國群眾主要是被極度恐懼害怕下台、雖有政治頭腦卻又非常愚昧的總參謀部當局挑動，另一方面也被它操縱，他們的行為後來達到了頂峰，並且帶來了許多次要影響，給勒龐的書提供了新的依據便是其中之一。然而，一八九四年對這個不是本族類的審判、定罪和撤職，卻讓群眾不負責任的輕信態度影響到了全國，它的嚴重程度就是最不關心政治的法國人（但願這不是個自相矛盾的稱呼）也都會關注，更別提像勒龐這樣的觀察家了。

為什麼說勒龐這本書是一部以閱讀法國大革命事件為基礎的群體行為的社會心理學著作，現在我們可以看出，僅是因為習慣，並不全對。這種流行的解釋只是部分正確。不錯，在勒龐用來證明自己這個或那個觀點的五十多個具體歷史事件中，有二十個左右講的是法國大革命時期，還有幾個是談到了拿破崙。不過餘下的一半左右的事件，它們都是發生在法國的事件，更重要的是都是勒龐親眼所見。進一步說，之所以提到大革命的原因是，勒龐本人那個時代的事件發揮了一部分作用。和其他許多法國人一樣，勒龐同樣被這場大革命所糾纏，但是在他的著作中還有很多個暗示表明，他對自己身邊的群體行為所做的觀察，對他去注意大革命中的一些相關事件有了提醒。他研究法國大革命的社會心理學的原因，更多的是他看到了十九世紀法國的群體生活而對歷史的回顧。換句話說，他經常是在對大革命時代群體行為進行評價的偽裝下，分析第三共和國的群體行為。

很多人在閱讀勒龐作品時，常常會認為他本人見證過法國大革命，很不幸，他的希望被第二帝國出賣，又因第三共和國而最終破滅。事實不是這樣的。他活了九十歲，這本使他威名遠揚的書在他五十五歲那年就已經問世。但是在那個時代，他對法國群體行為的觀察，完全可以為他的社會心理學奠定基礎。勒龐有了這樣的想法，也許對聖保羅大教堂唱詩班入口處那句紀念雷恩的銘文他會重新解讀，向他的同代人說：「諸位如果需要我這些想法的證明，看看你們四周吧！」

事情就是這樣，過去時代的歷史事件，不但不是勒龐的群體行為理論的唯一材料，更不是主要的經驗證據。人們所以能夠得出這樣的結論的原因是，對於把歷史用於學術研究的目的，他表現出來的態度十分矛盾。這本書裡，對於作為當時複雜事件和人類社會行為結果之真實記錄的史學，可以更確切地說是歷史記載，他發現可以忽略。在這一點上，雖然沒有一句，但是按照他所宣布的原則，他持的是「歷史全是胡說八道」的觀點，（據說）這句話後來由亨利．福特說出才廣為流傳。如果福特確實說過這句妙語，他可能只是簡單提了一句，而且是因為無知，勒龐說的卻很多，並且不像是因為無知。懷著這樣的心情，勒龐相信「只能把史學著作當作純粹想像的產物。它們是對被觀察有誤的事實所做的無根據的記述，並且一些對思考結果的解釋也摻雜其中。寫這樣的東西完全是在虛度時光。」（見第一卷第二章第二節）為了得出這種虛無主義的判斷，勒龐首先認為歷史記載有兩種噩運是不能避免的：第一，這是因為記錄歷史真相的證據已經消失或很零散；第二，對很多可以利用的文獻在選擇時會有傾向性，他認為這是史學家一定會遇到的事情。

後來他轉換了下心情，這種心情延續的時間很長，以致使他消耗很多精力寫了好幾本所謂的歷史著作。他發現，不以歷史為依託，根本無法對群體行為（或人類任何其他類型的行為）進行研究。一九一二年，當勒龐發表《法國大革命和革命心理學》（*Larevolution francaise et la psychologie des revolution*）時，他只是將自己的作法改變了，但是看法卻沒有改變，也就是認為寫出真實的歷史是一種荒謬的要求。

和與矛盾心理做鬥爭的大多數人一樣，勒龐也有一種妥協的理論提了出來。這使他不但可以和歷史生活在一起，而且能夠否認與它同居的事實。這個合理化的理論簡單明瞭：不錯，「關於那些在人類歷史上產生了巨大作用的偉大人物的生平，如赫拉克利特、釋迦牟尼或穆罕默德，我們有一句的紀錄是真實的嗎？」勒龐又說，這些人的「真實生平對我們並不重要。我們想要知道的，是我們的偉人在大眾神話中呈現出來的形象。將群體心靈打動的是神話中的英雄，而不是一時的真實英雄。」（見第四卷第二章第二節）

對於這種看起來是在真正的歷史和作為有效神話的歷史之間採取妥協的作法，我們可以質疑它，但是，對於勒龐在這種看待歷史的矛盾心情中，面對兩種對立傾向的困境搖擺時，我們卻需要給予同情。他觸碰到了一個後來得到更嚴格更令人信服的闡述的觀點：在決定人們的歷史地位上有著巨大的作用，不是他們的「真實」面目，而是後來者對他們的認識和感受。在真實性（在創作者本人看來也許天衣無縫）與表象兩者之間，不需要全部吻合，雖然有時能夠吻合。在和自己這種對待歷史的複雜感情進行抗衡時，勒龐讓自己能靠近一個可以稱為湯瑪斯定理（這個名稱來自十九世紀美國社會學大師湯瑪斯）的觀點：「假如人們把條件定義為真，根據其結果那麼它們就是真。」這句話和後來人們才知道的見解很接近，那就是人的「公開形象」和該形象在影響接受它的「群體」方面所產生的作用。勒龐對歷史處於的極度的矛盾非常要想找出一個究竟，這使他幾乎要得出一種正確的見解：作為神話的歷史在形成後對社會現實的歷史發揮作用。雖然這種見解還稍欠火候。

勒龐雖然將他的全部智力全部展現出來（這一點必須重視），比較而言他還是沒能取得對那些學者的勝利，他們以路人皆知的模糊的最終分析為據，將歷史為發現人類社會生活中的一致性因素提供的基本材料給予否定。勒龐和他的許多同代人一樣，但是可悲的是，也和他的許多後來者一樣，認為歷史是一種表象，而歷史文獻記錄的是一些絕無僅有的事件。如果嚴格地說就是這樣，如果歷史材料不能為用一種讓人覺得模稜兩可的很模糊的語言，探尋人類行為發展及其社會制度和社會結構發展中的相同因素提供充分的基礎，那麼勒龐的確是在浪費他自己和我們的時間。對於這種並不完美的錯誤觀點，也只有那些亨受著一勞永逸的先人遺產的人才會輕視它：這僅僅是事後的聰明。就在《烏合之眾》出版六年後，傑出的德國哲學家李凱爾特和文德爾班仍在就歷史只能得出特殊的描述的原因進行解釋，它們和能夠在物理學和生物學中發現的相同因素是不同的。只是到了後來，才有人對在研究普遍規律的，或獨特的概括性的學科與研究，或稱單獨的現象的學科之間所做的錯誤劃分給予否認，例如，柏拉圖的觀點：「『歷史絕不會重複』與『相應的歷史在某些方面，我們可以稱之為主要的方面，總是重複』，同樣都是對的。」

幸運的是，勒龐在實踐中繼續將他從原則上給予肯定的觀點否定了。他依託歷史，從那些具有獨特性的具體歷史事件中，抽象出某些在一定程度上重複出現的方面，以此把人類行為中假定的相同因素找出來。不過在指出這一點時，我們不能對勒龐存在偏激，並且把事實上他沒有表現出來的遠見歸在他的名下。讀一下這書就能知道，勒龐顯然並不是沒有方法論的頭腦。他的著作從來不會為了系統蒐集證據而費心，這讓他自己的思想可以接受公正的客觀的檢驗。他採用的方法是社會哲學家、社會心理學家和社會觀察家都會用的，不但他那個時代很盛行，而且我們這個時代也還存在著：把歷史上不可思議的事當成思想資源，錯誤地認為這種資源多少可以證明由此得出的解釋是真實性的方法。他的方法雖然有缺陷，但是就像我們所見，他的某些觀點卻是對的。它仍然不精緻，需要後來的社會科學家再付出更多普通無奇的艱苦工作，他們不想從一個觀念高峰立刻跳到另一個觀念高峰，在認為他們已準備好攀登之前，先要在方法論研究的峽谷之中長途跋涉。

思想想要得到傳播，如果作者沒有提供一個令人滿意的基礎，讓人可以鑒定內容正確或者是胡說八道，便很易於變成勒龐思想的傳播。判斷錯誤思想和創造性思想的標準，社會思想的領域和其他領域沒區別，首先就是看那些能夠站住腳的、整體（但不肯定）正確的思想佔的比例有多大。就這點來看，勒龐似乎取得了相當高的勝率，這也是此書能有持久的影響的原因。有時，和佛洛伊德所暗示的那樣，他的打擊是無的放矢，而他自己卻認為贏了比賽。不過就與社會哲學家的這個競賽中，他確實經常得分，並能在關鍵時刻來上一個全壘打。

把勒龐同時說成是一項知識競技中的英雄和一位社會學先知，本身就是一種新的錯誤：混亂的形象化比喻和迷戀時代錯置的行為（棒球畢竟不是勒龐那個世界的一部分）。不過這個混亂的形象是可以保護防衛的。勒龐接觸到一系列難解的問題，對於其中的每個問題他都想嘗試一下，最後他做出了一系列社會學斷言，使他的後來者在這些難題上能夠做得比勒龐本人更好。除此之外，在勒龐的後來者中間，一些研究人類群體行為的人，也都使用過有關體育和科學的這個不合適的形容。社會學家拉扎斯菲爾德和社會哲學家奧爾特加．加塞特都曾同樣這樣做過，對於對手類似的犯規表現，他們都是完全清白的。拉扎斯菲爾德《社會研究的語言》一書中認為，奧林匹克運動上競賽紀錄不斷地突破，人類競技能力發生了達爾文主義或拉馬克主義意義上的進化並不是原因，對這種能力的訓練在過去不斷有所改進才是原因。所以，每一代人都可以看到有的人的表現得到了改進，但他們的能力和自己的前輩相比，不一定是更好。在《群眾的反叛》（*The ReVol of Masses*）——一本透過學習勒龐而對勒龐進行改進的書中，針對體育紀錄不斷突破，奧爾特加也提出了同樣的看法，並且指出有類似的情況也發生在科學中。在人類文化的所有領域，應該是除了藝術和道德之外，這種一度過時的「進步」觀很符合現實，按其嚴格的定義，指的是不斷積累的知識以及優秀的思想與行為能力的提高。所以可以說，勒龐《烏合之眾》中的觀點，不斷地被另一些頭腦進行改進，他們的能力可能沒有勒龐高，有時甚至比他還低，但都從後來者這個地位上得到好處。

在有些讀者看來，勒龐的思想頗有遠見。當他像先知般寫道「我們就要進入的時代，毫無疑問將是一個群體的時代」時，他說的群眾進入了歷史，指的是他們過去不具任何作用的意見已開始產生作用，後來如柯拉蒂尼、奧爾特加・加塞特、紐曼、弗洛姆和阿倫特具有不同意識形態的作家，都曾更深入地闡述這一觀點。

勒龐還有一項很有見地的預見，他把群體中之人描述為日益被大眾文化所湮沒，這種文化把平庸低俗看成最有價值的東西。在他的文字下，對比過去的社會，（勒龐認為）群眾對於自己周圍的人的判斷和愛好接受起來更容易，他這一觀點很容易讓人想到今天人們對所謂當代人失去自我判斷能力的關切。

社會學家帕克和伯吉斯承認，勒龐預見到了我們這個群眾運動的時代，並且對於這些運動的若干特點也進行了描繪，他的方法已被這方面的社會學研究所繼承並進行了重要的發展。

還有最後一個例子能說明勒龐有先見之明，他看到了群體的日益重要性，這群人缺乏組織，他們關注著同樣的社會熱點，在一定程度上表現出與同處一地、有組織的群體一樣的心理行為。勒龐肯定預見不到廣播電視這類影響巨大的新大眾媒體（他畢竟不是真正的先知），不過他確實注意到了編報紙的人對群眾意見帶來的影響，他們先是逢迎群眾的感情，然後把這些感情引入特定的行為管道。

用正確的行話來說，所有這些「見識」都說明，如果一種觀點能指出人類社會行為中多次出現的某些方面，那麼即使它並不精細，也能夠把握未來事件的某些方面。這並不像一些人認為的那樣，勒龐是個先知。先知指的是那些自稱能夠認識事物在別人之前的人，即使做不到穩操勝券，也能預知許多細節。假如他是個優秀的先知，他就能把這些事件發生在什麼時間什麼地點說出來。他能夠準確描述細節。相反，研究社會、分析其運行要素的人，社會學的研究者，沒辦法承擔這項艱鉅的任務。他不是先知，儘管他常常被人當作先知來看待，或讓人得出一種判斷，以為他自稱先知。他的任務只是——這卻非常困難——盡最大努力把某些條件找出來，在這些條件下，我們可以以合理的方式期待會有某些社會行為和社會變化出現。假如遇到身邊的一個具體問題時，他只會保守地對未來事件中有限的某些特定方面進行預測。社會科學家只偶爾做出預測，不僅是因為他比社會先知更沒有把握（後者的最大優勢是，他有一個私人管道接觸著未來歷史，但具備這種知識的人很少，或者說根本就沒有人具備）。不但已成為常規的謹慎態度和不確定性，使社會科學家只偶爾進行預測，例如預測人口大量增加所造成的後果，而且因為，當他有時想要說明在特定條件下可以合理地期待發生什麼時，但是他並不知道這些預測性結果需要的條件出現的時間或能否出現。

和與他貌合神離的先知相比，社會科學家所做的預測，在另一個方面也有所不同。他希望從自己的失敗中學習。如果社會科學家很有把握地認為應當發生的預期後果沒有出現，而且研究證實，假定的條件事實上已經出現但是預期會產生的結果沒出現，他會坐下來對自己的證據重新評價，對自己的思想進行徹底反思，就和有人對他發出指示沒有區別。對自己落空的預言，先知反而會更加關注，他不會把這種預言丟掉，也不會把自己關於事物如何發展的認識重新整理。相反，他習慣於不痛不癢地對待預測的結果與實際結果的不一致，不讓預言有著對立的證據，使之可以原封不動地繼續存在下去。出色的先知很容易做到這一點，這和古人所言，他用老練的辯解「保住面子」，使他的信徒常常從看來沒能實現的每一次預言中，能很快看到自己的先知更為內在的力量。

對社會先知和社會科學家的這些簡單比較，並不像看上去那樣脫離中心。我想說的是，當今天再次讀勒龐的《烏合之眾》時，我們中間的一些人會忍不住把他在一八九五年所說的話當成對後來發生的事情的預言。這不但是個錯誤，而且對勒龐很明顯是有害的。這等於派給了勒龐一個先知的角色，一個他偶爾有所期盼，但因為自己不適合而放棄了的角色。以他的表現為依據，也加上上個世紀末的流行時尚，他有想過成為一名社會科學家。當然，與較年輕的例如迪爾凱姆法國同代人，他把社會學思想和社會研究的新紀元開啟——不同，勒龐從來沒有學會如何循規蹈矩地蒐集和分析社會學資料，包括用資料來否定自己的觀點的方法，如果它們是錯誤的話。社會學研究這個階段的到來仍然需要時間（當然，儘管現在只是初級階段）。勒龐有想成為社會學家這一目標，但他並沒有學會如知識苦行僧一樣的工作方式，而如果希望他的研究在方法與推理上都具有說服力這也是必須的。他有社會學家的想法，卻只有政論家的成果。但是，因為他對社會學有著先天的本能，所以就像我們所知道的，他說了許多有價值的話。

勒龐也說了很多沒有價值的話。我們看到，這本書內容有點偏頗，觀察的品質也是，根據觀察做出的推論也不平衡。《烏合之眾》有各種觀點，有些正確而富有成果，有些正確但沒有成果，還有一些是錯誤的，但是卻對啟發正確的觀點很有幫助。不幸的是，也有一些觀點既是錯誤的也無成果。我們只能說，勒龐和我們大多數人沒區別，並不能區分他所提出的各種觀點的價值。它們都是他頭腦的產物，所以他肯定對它們都很偏愛。不管是好的還是壞的，不管是能結出果實的還是寸草不生的，所有這些觀點他都同樣關愛有加。事實上，他的行為給我們的感覺，就像寓言中那個樂善好施的兒子。不管哪個知識「兒孫」，只要他喜歡，都樂意把他帶到這本書裡來。甚至是一些極有害的觀點他都喜歡，我們現在已經知道它們根本上就是錯誤的，而且根據勒龐本人的價值觀，也存在著很大的危險（我們很快就會看到這方面的一個例子）。不過即使是這樣，他的自我良好感覺最終還是佔據了他的頭腦。

可能因為勒龐寫的是一本有關群體的社會心理學著作，不是他們的一部編年史書，所以他的書裡有許多與我們這個時代想法相似的內容。

勒龐把各種意識形態形象和信念莫名其妙地攪和在一起，這方面的證據在《烏合之眾》裡隨處可見。他是個憂心如焚的保守派，對有社會主義傾向的無產階級的不斷壯大非常的憂慮。但是，一再出現的政治保守主義跡象、對社會主義每個方面的一貫敵視、一種獨特的種族主義幻覺，以及描述婦女是一個軟弱而沉默、不善推理也固執己見的人群，她們容易衝動，所以情緒極其紊亂，反覆無常，缺乏道德，和男人比較完全比他們要低下，但這不一定是件壞事——所有這些觀點僅僅是該書的外表，即使全部清除掉這些意識形態的垃圾，對勒龐有關群眾行為的基本認識也沒有任何影響，雖然它們還有很多問題。

我們只需要對這樣一個意識形態的觀點進行考慮，勒龐和當時的許多人都持有這種觀點，也就是他所說的「種族這個基本概念」是「對我們命運的神祕主因具備決定性因素」（見第三卷第四章）。但是，這種觀點如其所示，僅僅是上世紀中葉戈賓諾創立的那種種族主義，它是長盛不衰的種族中心主義的基礎，為剝奪「劣等種族」提供了理由。在勒龐看來，「種族」是個很難理解的概念，它大體上就和「民族性格的構成」差不多。例如，當勒龐提到「西班牙種族的遺傳本能」時，或當他偶爾談到幾乎所有地方的群體都包含「女人氣」，但他發現「拉丁民族女人氣最重」時，我們就可以明白這一點了。「種族」是個定義寬泛的標籤，它可以貼在各國人民和民族身上，它反映著勒龐對人類學的無知，並不說明他有種族中心主義的壞心眼。

一本流傳甚廣的書；對勒龐的時代和我們的時代一再表現出實際意義；雖然不是完全創新，嚴格說來也不是全部正確；和作者的任何求知行為相比，表現最好時也只能說較好，最差時也不算很糟；文字裡與字面上都有著很多的意義；眼光時而狹窄時而放眼全球；既有預見又有落後觀念；在實踐中有效地依託著歷史，又從原則上對它的真實性和有效性給予否定；從當時表現出人類行為共同特點的重要的事件中把這些特點概括出來；還有一些並不影響其本質的亂七八糟的意識形態怪論——這就是勒龐的《烏合之眾》，一本值得我們去讀的書。

美國社會學家&犯罪學家羅伯特·墨頓（Robert Merton）

一九六〇年一月，哥倫比亞大學

作者前言

以下的研究是要對各種群體的特徵做一說明。

遺傳讓每個種族中的每個人都有著某些共同特徵，把這些特徵加在一起，就是這個種族的氣質的構成。不過，當這些個體中的一部分人聚集成一個群體是為了一個行動目標時，我們僅僅從他們聚在一起這個事實就可以觀察到，不但原有的種族特徵，他們還有一些新的心理特徵表現出來，這些特徵有時與種族特徵有很大不同。

在各民族的生活中，有組織的群體從來發揮著重要的作用，但是這種作用從來不會像現在這樣重要。目前這個時代的主要特徵之一是：群體的無意識行為把個人的有意識行為替代了。

對於群體所引起的困難問題，我用純科學的方式進行了考察。這就是說，我的努力僅限於考慮的方法上，不被各種意見、理論和教條影響到。我相信，這是發現少許真理的唯一辦法，當我們所討論的是個看法不一的話題時，更應該如此。一個科學家想做的是澄清一種現象，他就不會考慮自己的澄清會傷害到哪些人的利益。卓越出眾的思想家阿爾維耶拉先生在最近一本著作中說，他不屬於任何當代學派，所以偶爾會發現自己和所有這些派別的各種結論都相悖。我希望這部新著也可以這樣。自身屬於某個學派，必然會被它的偏見和先入為主的意見所影響。

不過我還是要向讀者說明一下，他會發現從我的研究中得出一些乍看難以接受的結論的原因。例如，為什麼我在指出包括傑出人士的團體在內的群體精神的極端低劣之後，還是斷定，儘管有這種低劣性，對他們有干涉的組織依然是危險的呢？

原因就是，對歷史事實進行最細緻的觀察後，都證明了：社會組織和一切生命有機體一樣複雜，我們還不具備能夠強迫它們突然間發生深刻變革的智力。大自然偶爾採取一些激烈的手段，卻從來不是採用我們的方式，這說明對一個民族有致命危險的就是對重大變革的熱中，不管這些變革從理論上說如何厲害。假如它能夠讓民族氣質立刻出現變化，才能說它是有價值的，但是具備這樣的力量的只有時間。人們被各種思想、感情和習慣所限制──這是我們的本性才會這樣。我們性格的外在表現就是各種制度和法律，反映著性格的需要。各種制度和法律作為其產物，是不能改變這種性格的。

研究社會現象，和研究產生這些現象的民族是密不可分的。從哲學觀點來看，這些現象可能有絕對價值，事實上它們只有相對價值。

所以，在對一種社會現象進行研究時，要分清先後，綜合兩個不同的角度對它進行考慮。因此你才會看到，純粹理性的教誨經常與實踐理性的教誨背道相馳。這種劃分可以說是適用任何材料，包括自然科學的材料。從絕對真理的觀點看，一個立方體或一個圓，是不變的幾何形狀，都是由一定的公式做了嚴格定義的。從印象的角度來看，在我們眼裡，這些幾何圖形卻會表現出十分不同的形狀。但是從透視的角度看，立方體可以轉變為錐形的或方形的，圓可以形成橢圓或直線。但是，考慮這些虛幻的形狀要比考慮它們真正的形狀更重要，因為它們，也僅僅是它們，是我們能看到並可以用照相或繪畫使之再現的形狀。有時不真實的東西包含的真理要比真實的東西多很多。按照事物準確的幾何形狀把它們呈現出來，有可能是在對自然的歪曲，使它變得不可辨認。我們可以設想一下，假設世界上的居民只能做到複製或翻拍物體，但無法觸碰它們，對物體形態他們是很難有著正確的看法的。進一步說，如果只有少數的有學問的人才能掌握有關這種形態的知識，它的意義也就很少很少了。

研究社會現象的哲學家應當一直牢記，這些現象不但有理論價值外，而且有實踐價值，只有實踐價值和文明的進化緊密相關，它是最重要的。認清這個事實之後，在考慮最初邏輯迫使他接受的結論時，他就會抱有一個謹慎的態度了。

另外一個原因也使他採取類似的保留態度。社會事實如此複雜，做不到全部掌握或能對它們的相互影響帶來的後果做到預見。此外，在可以看到的事實背後，甚至似乎還隱蔽著無數種看不見的原因。可以看到的社會現象可能是被某種巨大的無意識機制影響帶來的結果，而這一機制通常不在我們的分析範圍。能夠感覺到的現象可以我們稱之為波浪，它僅僅是海洋深處神祕不可測的湍流的表象。針對群體的大多數行為來說，它在精神上，會表現出一種與眾不同的低劣性，在另一些行為中，它好像又被某種神秘力量所限制，古人把它稱之為命運、自然或天意，我們叫它幽靈的聲音。雖然我們對它的本質並不瞭解，卻不能把它的威力忽視掉。在民族的內心深處，彷彿有一種經久不衰的力量在支配著他們。例如，比語言更複雜、更有邏輯、更神奇的還有什麼呢？但是，這個組織程度令人稱讚感歎的產物，如果不是來自群體無意識的稟賦，還能是從什麼地方來的呢？最學識淵博的學者，最有名望的語法學家，所能做到的也僅僅是把支配著語言的那些規律指出來，他們做不到創造這種規律。哪怕是偉人的思想，我們能斷言那完全都是他們頭腦的產物嗎？毫無疑問，這些思想創造出自獨立的頭腦，然而，不正是群體的稟賦為他提供了千百萬顆沙粒，才使它們生長的土壤得以形成嗎？

毋庸置疑，群體總是無意識的，但它力量強大的祕密就隱藏在這種無意識中間。在自然界，做出的一些動作完全受本能支配的生物，其神奇的複雜性令我們讚歎。理性僅僅是較為晚近的人類才具有的屬性，而且還不夠完美到可以向我們揭示無意識的規律，它要想站穩腳跟，還需要很長的時間。在我們的所有行為中，無意識的作用巨大，而理性的作用卻少得可憐。無意識作為一種仍然不為人知的力量產生著重要作用。

如果我們想要待在狹窄而安全的界限之內，利用科學來獲取知識，不想進入模糊的猜測與無用的假設的領地，那我們一定要做的事情就是，留心這些我們能夠接觸到的現象，讓自己限制對它做些思考。從這些思考中得出的所有結論肯定都是比較幼稚的，因為在這些我們能夠明確看到的現象背後，還有一些我們只能隱約看到的現象，但是它的背後，還有很多我們全無所聞的現象。

導言：群體的時代

提要：這個時代目前的演變／文明的大變革是民族思想變化的結果／現代人對群體力量的信念／它把歐洲各國的傳統政策都改變了／民眾是如何崛起的，他們發揮威力的方式是什麼／群體力量的必然後果／除了破壞以外，群體再不具備別的作用／衰老的文明解體是群體作用的結果／對群體心理學的普遍無知／立法者和政治家研究群體的重要性

在文明變革之前發生的大動盪，如羅馬帝國的衰亡和阿拉伯帝國的建立，一眼看上去，很像是由政治變化、外敵入侵或王朝的傾覆所決定的。但是細緻地對這些事件進行研究，就會發現在它們的表面原因背後，可以看到人民的思想發生了深刻的變化。真正的歷史大動盪，並不是那些以場面的宏大而暴烈讓我們瞠目結舌的事情。造成文明痛改前非的唯一重要的變化，是到思想、觀念和信仰的影響的變化。令人不能忘記的歷史事件，也只是人類思想沒有痕跡的變化所造成的可以看到的後果。這種重大事件如此罕見

的原因是，人類世代相傳的思維結構是這個物種最穩定的因素。

現在的時代就是這種人類思想正經歷轉型過程的關鍵時期之一。

構成這一轉型基礎的基本因素有兩個。第一是宗教、政治和社會信仰的毀滅，而我們文明的所有要素都是以這些信仰為基礎的。第二是現代科學和工業的各種發現，讓一種全新的生存和思想條件得以創造。

以往的觀念雖已零散不全，卻依然有著非常強大的力量，被取代的觀念仍處於形成的過程之中，現時代呈現為各自為政的過渡狀態。

現在很難說清這個必然有些混亂的時代最終演變成的樣子。在我們這個社會之後，為社會建立基礎的會是哪些觀念？目前我們仍不能明確回答。但有一點卻十分清楚，不管未來的社會加以組織是根據怎樣的路線，這股新的力量它就必須要考慮到：一股最終仍會存在下來的現代地位極高的力量，也就是群體的力量。在以往認為理所當然、如今已經衰落或正在走向衰落的眾多觀念的廢墟之上，在被成功的革命摧毀掉的許多權威資源的廢墟之上，這股代之而起的唯一力量，注定在不久就會和其他力量結合在一起。當我們久遠的信仰崩塌消亡之時，當古老的社會柱石不斷地傾倒之時，群體的勢力便成為唯一不可估量的力量，而且它還有不斷壯大的聲勢。我們馬上要走進的時代將是一個群體的時代，這點毋庸置疑。

就在一個世紀之前，引起各種事變的主要因素是歐洲各國的傳統政策和君主之間的對抗。民眾的意見產生的作用通常不大，或沒有任何作用。如今，通常被政治所承認的各種傳統、統治者的個人傾向及其相互對抗反而不發生作用了。相反，群眾的聲音更佔優勢。向君主們表明群眾的舉動的就是這個聲音，使他們的言行一定要注意那個聲音裡的內容。目前，鑄就各民族命運的地方，不再是君王們的國務會議上，而是在群眾的心中。

民眾的各個階層進入政治生活，現實來講，就是他們慢慢成為一個統治階層，這是我們這個過渡時期最吸引人的特點。普選權的實行在很長一段時間裡沒有產生什麼影響，所以它和人們可能認為的那樣是不一樣的，是這種政治權力轉移過程的明確特徵。群眾勢力慢慢壯大，第一個原因是某些觀念的傳播，讓它們不斷地在人們的頭腦中札根，第二個原因是個人逐漸結為社團，希望能將一些理論觀念得以實現。正是透過結社，群體掌握了一些同他們的利益相關的觀念，哪怕這些利益並不是很正當，但是界限卻是非常明確——並終於看到了自己的力量。群眾現在有各種聯合會成立起來，這使一個個的政權在它面前屈服。他們還成立了工會，忽略掉一切經濟規律，想要支配勞動和工資。他們來到了對政府有著支配作用的議會，議員們沒有主動性和獨立性，最後幾乎變成那些把他們選出來的委員會的傳聲筒。

今天，群眾的要求越來越明確，看起來很像是要把目前存在的整個社會完全摧毀，而所持的觀點與原始共產主義密不可分，但這種共產主義只有在文明露出曙光之前，才是所有人類的正常狀態。這些要求的內容有：對工作時間進行限制，把礦場、鐵路、工廠和土地國有化，全部產品做到平均分配，為了廣大群眾的利益把上層階級消滅等等。

群體在推理這塊並不擅長，在採取行動上卻很積極。它們目前的組織給予它們不可估量的力量。我們見證其誕生的那些教條，很快也會擁有舊式教條具備的威力，換句話說，不容商量的肆意霸道的力量。群眾的神權就要將國王的神權取代了。

那些與我們的中產階級志同道合的作家，將這些階級較為狹隘的思想、墨守成規的觀點、膚淺的懷疑主義以及表現得有些過分的自私表現出來。因為看到這種新勢力不斷壯大，他們深感惶恐。為了對人們混亂的頭腦進行反抗，他們向過去被他們不屑一顧的教會道德勢力發出了求救的信號。他們向我們談論科學的破產，滿是後悔地轉向羅馬教廷，提醒我們啟示性真理的教誨。這些新的順從者忘了，現在為時已晚。就算神祇真的將他們打動，此類措施對那些頭腦也不會產生同樣的影響，因為使這些最近的宗教皈依者全神貫注的事情他們已不大關心。今天的群眾把他們的勸說者昨天已經拋棄並已經毀滅的諸神給拋棄了。沒有任何力量，不管是神界的還是人間的，能夠讓河水流回它的源頭。

科學並沒有破產，科學第一次陷進現在這種精神上的無政府狀態，從這種狀態中產生的新勢力也不是由它造成的。科學為我們承諾的是真理，或者是可以被我們的智力所把握的一些有關各種關係的知識，對我們它從沒有承諾過和平或幸福。它對我們的感情置之不理，對我們的哀怨充耳不聞。我們只能想辦法和科學生活在一起，因為沒有任何力量能夠把被它摧毀的幻覺恢復過來。

在所有國家，我們普遍都能看到向我們證明著群體勢力的迅速壯大的各種信號，它對我們以為它過不了多久注定停止增長這種個人的想法漠不關心。不管我們的命運怎樣，都必須接受這種勢力。一切反對它的說理，都是徒勞無功的不切實際的言論。群眾勢力的出現很可能是西方文明的最後一個階段的標誌，它可以退回到那些沒有秩序的無政府時期，而這是每一個新社會誕生的必然先聲。那麼，這種結果能夠被阻止嗎？

到現在為止，群眾最明確的任務就是徹底摧毀一個破敗的文明。這當然不是只有今天才能找到的跡象。歷史告訴我們，當文明賴以建立的道德因素威力不再時，它總是由無意識的野蠻群體對其完成最終的解題，他們被稱為野蠻人。創造和領導著文明的，歷來都不是群眾，而是少數知識貴族。群體有的只是強大的破壞力，結果永遠是回到野蠻階段，這是他們的規律。有著煩亂繁雜的典章制度、從本能狀態進入能夠防患於未然的理性狀態的文明，屬於文化的高級階段。群體每次都在證明，僅靠他們自己，所有這些事情實現的可能性幾乎沒有。由於群體的力量具有純粹的破壞性，所以他們的作用就和加速垂危者或死屍解體的細菌一樣。當文明的結構處於風雨飄搖時，傾覆它的就是群眾。在這個時刻，他們的主要使命才變得簡單明瞭，此時，人多勢眾的原則似乎成了唯一的歷史法則。

我們的文明也有同樣的命運蘊含在其中嗎？這種擔心不是沒有根據，但是我們現在還沒有處在一個能夠肯定回答它的位置上。

不管情況如何，面對群體的勢力，我們注定要屈從，這是因為群體的見識膚淺，所以才有可能讓它守規矩的所有障礙全部清除。

對於這些正在成為熱門話題的群體，我們知道的很少。專業心理學研究者的生活與它們相距甚遠，對它們視若無睹，所以當他們後來把注意力轉向這個方向時，便認為只有犯罪群體才能研究。犯罪群體確實是存在的，但我們也會遇到無私忘我的群體以及其他各種類型的群體。群體犯罪只是其中一種特殊的心理表現。我們不能只透過研究群體犯罪來瞭解他們的精神構成，這和不能用描述個人犯罪來瞭解個人是一樣的。

然而，從事實的角度看，世上所有的偉人，所有宗教和帝國的建立者，所有信仰的使徒和傑出政治家，哪怕再說得平凡一點，一夥人裡的小頭目，都是不自覺的心理學家，他們對於群體性格有著出自本能但往往十分可靠的瞭解。正是因為能正確瞭解這種性格，他們能夠很容易地將自己的領導地位確定下來。拿破崙對他所治理的國家的群眾心理有著突出的洞察力，但他對屬於另一些種族的群體心理，卻可能完全不瞭解。正是因為出於這種無知，在對西班牙尤其是俄羅斯進行征討時，陷入了讓自己的力量遭受致命打擊的衝突，這點就注定他在短時間內就下台歸於毀滅。今天，對於那些不想再統治群體（現在這變成一件非常困難的事情）只求不過分被群體所支配的政治家，群體心理學的知識就是他們最後的資源。

只有在對群體心理有一定認識的基礎上，才能理解法律和制度對他們的作用是多麼渺小，才能理解除了別人強加於他們的意見，他們是多麼沒有能力固執己見的。要想領導他們，不能根據建立在純粹平等學說上的原則，而是要去發現能讓他們動心的事情以及能夠誘惑他們的東西。例如，一個打算實行新稅制的立法者，是不是應該選擇理論上最公正的方式呢？他才不會這樣做呢。實際上，在群眾眼裡，或許最不公正的才是最好的。那種既不十分清楚易懂又看起來負擔最小的辦法，才最易於被人們所接受。因此，不管間接稅多高，都會被群體所接受，因為每天支付一點稅金給日常消費品，對群體的習慣不會有什麼干擾，從而可以在潛移默化中進行。用工資或其他一切收入的比例稅制將這種辦法替代了，也就是一次性付出一大筆錢，哪怕這種新稅制在理論上比別的辦法帶來的負擔小百分之九十，引起的抗議同樣是無數的。之所以會出現這種情況是因為，一筆數目很多、顯得數量很大從而刺激了人們想像力的錢，已經被感覺不到的零星稅金代替了。新稅因為它是一點一點支付的，所以看起來並不重。這種經濟手段涉及目光長遠的計算，而這是群眾做不到的。

這個例子是最簡單的。人們很容易理解它的適用性。它也沒有逃過拿破崙這位心理學家的眼睛。但是我們現代的立法者對群體的特點茫然無知，因而沒有能力理解這一點。經驗至今沒有使他們充分認識到，人們並不是依據純粹理性的教導採取行動的。

群體心理學還有許多其他實際用途。掌握了這門科學，在面對大量的歷史和經濟現象時，就能做出最為真切的說明，而脫離這門學問，它們就會變得完全不可捉摸。我將有機會證明，最傑出的現代史學家泰納，對法國大革命中的事件也理解得比較片面，這是因為他從來沒有想過是否要對群體的稟性進行研究。在對這個極為複雜的時代進行研究時，他把自然科學家採用的描述方法作為自己的指南，而自然科學家所研究的現象中幾乎不考慮道德因素。然而，正是這些因素，才構成了歷史的真正主脈。所以，從實踐的角度來看，群體心理學還是很有研究價值的。即使完全是因為好奇，也值得我們給予它關注。對人們的行為動機進行破譯，就如同對某種礦物或植物的屬性進行確定一樣有趣。我們對群體稟性的研究僅僅能稱之為是一種概括，是簡單總結一下我們的研究。除了一點建議性的觀點外，對它不必奢望太多。別人會為它打下更完備的基礎。今天，我們不過是剛剛觸及到一片還沒有開墾的處女地的表層而已。

第一卷　群體心理

1.群體的一般特徵

提要：從心理學角度看群體的構成／大量的個人聚集在一起並不能說構成一個群體／群體心理的特徵／群體中個人固有的思想感情發生變化和他們個人個性的消失／群體總是被無意識因素所支配，大腦活動的消失和脊髓活動的得失，智力的下降和感情的徹底變化／這種改變了的感情，可以比形成群體的個人的感情要好，也可以比它更壞／群體不但容易英勇無畏而且容易犯罪。

「群體」一詞通常的涵義是指聚集在一起的個人，不管他們屬於何種民族、職業或性別，也不論是因何種原因讓他們走到了一起。但是從心理學的角度看，「群體」一詞卻有著完全不同的重要涵義。在某些特定的條件下，並且只有在這些條件下，一群人會有一些新的特點表現出來，它和組成這一群體的個人所具有的特點是有很大區別的。聚集在一起的一群人，他們的感情和思想全都趨向同一個方向，而自身自覺的個性消失了，一種集體心理就會形成。可是說它是暫時的，但是它確實表現出了一些非常鮮明的特點。這些聚集成群的人進入一種狀態，因為沒有更合適的說法，我暫且把它稱之為一個組織化的群體，或換個也許更容易理解的說法，一個心理群體。它形成了一種獨特的存在，受群體精神統一律所支配。

顯而易見，一些人偶然發現他們站在一起，這只是一個事實，並不能讓他們獲得一個組織化群體的特點。一千個人偶然聚集在公共場所，假如沒有明確的目標，從心理學意義上說，他們不能稱之為一個群體。要想具備群體的特徵，首先是要有一些能發揮作用的前提條件，我們必須確定它們的性質。

變成組織化群體的人的首要特徵是，自覺的個性的消失，以及感情和思想轉向一個不同的方向，但不是說總需要一些個人同時出現在一個地點。有時，在某種狂暴的感情的影響下，如因為國家大事，無數個孤立的個人也會獲得一個心理群體的特徵。在這種情況下，一個偶然事件就能讓他們雷厲風行聚集在一起，從而立刻擁有群體行為特有的屬性。有時，五、六個人就能構成一個心理群體，而數千人偶然聚在一起，這種現象也可能不會發生。另一方面，雖然整個民族聚在一起應該是不可能看到的，但在某些影響的作用下，整個民族也會變成一個群體。

心理群體一旦形成，它就會獲得一些暫時的但卻又十分明確的普遍特徵。除了這些普遍特徵以外，它還會有別的一些附帶的特徵，其具體表現因組成群體的人而各有不同，並且它的精神結構也會隨之而變。所以，對心理群體進行分類很容易。當我們對這個問題進行深入研究時就會看到，一個異質性群體（也就是由不同成分組成的群體）會表現出一些與同質性群體（也就是由大體相同的成分，如宗派、等級或階層組成的群體）相同的特徵，除此之外，它們還具有一些自身的特點，從而對這兩類群體進行區別。

不過在對不同類型的群體進行深入研究之前，我們必須先對它們的共同特點進行考察。從事這項工作，我們將像自然科學家一樣，他們總是先來對一個族系全體成員的共同特點進行描述，然後再對那些使該族系所包含的種類有所區別的具體特點進行研究。

對群體心理不能太精確的描述，因為它的組織不僅在種族和構成方式上是不同的，而且還因為支配群體的刺激因素的性質和強度是不同的。不過，個體心理學的研究也會有同樣的困難。一個人一輩子性格一直不變這樣的事情，只會出現在小說裡。環境的單一性才能造成明顯的性格單一性。在其他著作中我曾經指出，各種性格的可能性構成了精神結構，環境的突變就會讓這種可能性表現出來。這點也說明了法國國民公會中最野蠻的成員為什麼原來都是些溫和的公民。他們在正常環境下會是一些平和的公證人或善良的官員。他們在風暴過後又恢復了平常的性格，成為安靜而守法的公民。拿破崙在他們中間替自己找到了最恭順的臣民。

這裡不可能全面研究群體強弱不同的組織程度，所以我們只對那些已經達到完全組織化階段的群體進行研究。這樣我們就會看到群體可以變成的樣子是什麼，而不是它們墨守成規的樣子。只有在這個發達的組織化階段，種族不變的主要特徵才會被賦予一些新特點。這時，集體的全部感情和思想中所顯示出來的變化，就會表現出一個明確的方向。在這種情況下，我上面提到的群體精神統一性的心理學規律才會起作用。

在群體的心理特徵中，有一些特徵可能和孤立的個人是相同的，而有一些則完全是群體所獨有的，因此只能在群體中才看到。我們首先要研究的就是這些特徵，希望可以把它們的重要性揭示出來。

一個心理群體表現出來的最讓人驚訝的特點有：不管構成這個群體的個人是誰，也不管他們的生活方式、職業、性格或智力是否相同，只要他們變成了一個群體，他們就會獲得一種集體心理，這是區別於他們單獨一人時的感情、思想和行為的。若沒有形成一個群體，有些想法或感情根本不會在個人身上產生，或不可能付諸行動。心理群體是一個由異質成分組成的暫時現象，當他們結合在一起時，就和因為結合成一種新的存在而構成一個生命體的細胞一樣，會出現一些特點，這些特點和單個細胞所具有的特點是不一樣的。

和機智的哲學家赫伯特．斯賓塞筆下所發現的觀點相反，在形成一個群體的人群中，構成因素的總和或它們的平均值並不存在。實際表現出來的，是因為一些新特點的出現而形成的一種組合，這和某些化學元素如鹼和酸反應後形成一種新物質沒有區別，它所具有的特性十分不同於使它得以形成的那些物質。

組成一個群體的個人和孤立的個人是不同的，要想證明這一點很容易，然而找出出現這種不同的原因卻很難。

要想多瞭解一些原因，現代心理學所確認的真理就必須記住，也就是無意識現象所發揮的一種完全壓倒的作用，不但表現在有機體的生活中，而且還表現在智力活動中。對比精神生活中的無意識因素，有意識因素具有的作用很小。最謹慎的分析家和最敏銳的觀察家，最多也就只能找出一點對他的行為有支配的無意識動機。我們有意識的行為，多是無意識的深層心理結構的產物，是受遺傳影響造成的。這個深層結構中有代代傳下來的無數共同特徵，它們就是一個種族先天的稟性的構成因素。在對我們的行為可以說明的原因背後，確定有很多我們沒有說明的原因隱藏著，但是在這些原因後面，還有另外很多我們自己一點都不瞭解的神祕原因。我們很多日常行為，都是我們無法知曉的一些隱蔽動機的結果。

無意識構成了種族的先天稟性，特別是在這個方面，屬於該種族的個人之間是非常相像的，這讓他們彼此之間差異很大，主要是他們性格中那些有意識的方面，這可能是教育的結果，但更多的原因是獨特的遺傳條件。人們智商上的差別是最大的，但他們的本能和情感卻是非常相似的。在屬於情感領域的每一種事情上，如宗教、政治、道德、愛憎等等，最傑出的人士比普通人聰明不了多少。從智力上說，一個偉大的數學家和他的鞋匠之間的差別可能大相徑庭，但是從性格的角度看，他們可能差別非常微小或根本沒有。

這些普遍的性格特徵，是被我們的無意識因素所支配的，一個種族中的大部分人在同等程度上都會具備這些特徵。我認為，正是這些特徵，成了群體中的共同屬性。在集體心理中，個人的才智和他們的個性都被削弱了。同質性把異質性吞沒，無意識的品質更佔優勢。

群體一般只有很普通的品質，這也是它沒辦法完成需要很高智力的工作的原因。涉及決定普遍利益的時候，是由優秀人士組成的議會做出的，但是不同行業組成的專家未必比一群不聰明的人所採納的決定要高明。實際上，他們也只能用每個普通個人生來就有的平庸才智，處理手頭的工作。群體中只有愚蠢是累加起來的，而不是與生俱來的智慧。如果說群體就是「整個世界」，那就和人們常說的整個世界要比伏爾泰更聰明是不一樣的，倒是可以說伏爾泰比整個世界都聰明。

如果群體中的個人只是集中起他們的普通品質來共同分享，那麼這帶來的只會是很明顯的平庸，而不會像我們實際說過的那樣，有一些新的特點創造出來。我們現在要研究的問題就是這些新特點是怎麼形成的。

對這些為群體所特有、孤立的個人並不具備的特點產生決定的作用的還有一些原因。首先，只是從數量上考慮，形成群體的個人也會感覺到一種不可抵擋的力量，這讓他敢把自己本能的欲望發洩出來，而在獨自一人時，他必須限制這些欲望。他想要約束自己不產生這樣的念頭卻很難：群體是個無名氏，所以可以不用承擔責任。這樣一來，約束個人的責任感便不存在了。

傳染現象是第二個原因，這也對群體的特點發揮決定性作用，同時對它所接受的傾向也有著決定性作用。傳染現象很容易確定它存在與否，但是解釋清楚卻很難。必須把它當成一種催眠方法，下面我們簡單地研究一下。在群體中，不管什麼感情和行動都有傳染性，其程度完全可以讓個人為了集體利益隨時犧牲他的個人利益。這種傾向和他的天性極為對立，如果不是群體中的一員，他很難會具備這樣的能力。

與孤立的個人所表現出來的特點完全不同，這是決定群體特點的第三個原因，也是最重要的原因。我這裡是指容易接受暗示的表現，它也正是上面提到的相互傳染所帶來的結果。

想要理解這種現象，就一定得記住最近的一些心理學發現。今天我們已經知道，透過不同的過程，個人可以被帶入一種完全失去人格意識的狀態，對於使自己失去人格意識的暗示者，他會百依百順，甚至同他的性格和習慣極為矛盾的舉動也會做出。最為謹慎的觀察似乎已經證實，融入群體行動的個人如果時間過長，不久就會發現，可能是因為在群體發揮催眠影響的作用下，也可能是一些我們不知道的原因，自己進入一種特殊的狀態，它和被催眠的人在催眠師的操縱下進入迷幻的狀態很相似。麻痹了催眠者的大腦活動，使之變成了被催眠師隨意支配自己脊椎神經的一切無意識活動的奴隸。有意識的人格徹徹底底消失了，意志和辨別力也不見蹤影。一切感情和思想都被催眠師所影響。

大體上說，心理群體中的個人也處在這種狀態之中。對於自己的行為，他很難能夠意識的到。他就像被催眠了一樣，一些能力被破壞，同時另一些能力卻可能得到極大的強化。在某種暗示的影響下，他會因被難以抗拒的衝動所左右而採取某種行動。群體中的這種衝動抗拒起來比被催眠者的衝動更難，原因是暗示對群體中的所有個人產生的作用都是一樣的，相互影響讓它的力量大增。在群體中，具備強大的個性完全能把那種暗示抵制的個人屈指可數，所以根本無法逆流而動。他們最多只能因不同的暗示而改弦易張。正因為這樣，例如，有時只需一句溫和的言辭或一個被及時喚醒的形象，就能將群體最血腥的暴行阻止。

現在我們知道了，組成群體的個人所表現出來的主要特點是，有意識人格不斷消失，無意識人格不斷強化，思想和感情因暗示和相互傳染作用而朝著同一個共同的方向，以及暗示的觀念立刻轉化為行動的傾向。他不屬於他自己，而是一個不再受自己意志支配的玩偶。

進一步說，僅僅是他變成一個有機群體的成員這個情況，就能讓他在文明的階梯上倒退好幾步。孤立的他可能很有教養，但在群體中，他就變成了一個行為受本能支配的野蠻人。他表現得不受控制，殘暴而狂熱，同時也將原始人的熱情和英雄主義表現出來，和原始人更為相似的是，他很樂意使自己被各種言論和形象所打動，而組成群體的人在孤立狀態時，這些言辭和形象對他根本沒有任何影響。他會不由自主地做出同他切身的利益和最熟悉的習慣完全不同的舉動。群體中的一個人，僅僅是眾多沙粒中的一顆，風可以將之吹到任何地方。

正是由於這些原因，人們看到陪審團做出的判決，陪審員作為個人不會贊成，議會實施的法律和措施是不可能每個議員個人都同意的。法國大革命時期，如果分開來看，國民公會的委員們都是溫文爾雅的開明公民。但是當他們結成一個群體時，卻完全聽命於最野蠻的提議，被送上斷頭台的很多人都是完全清白無辜的，並且在和自己的利益相悖情形下，將他們不可侵犯的權利放棄，在自己人中間也亂殺清白之人。

群體中的個人在行動上不但和他本人有著本質的差別，而且在完全失去獨立性之前，他的思想和感情就都發生了變化，這種變化是非常深刻，它可以讓一個守財奴變得奢侈浪費，讓懷疑論者變成信徒，讓老實人成為罪犯，把弱者變成勇士。在一七八九年八月四日那個被紀念的晚上，法國的貴族一時激動，毫不猶豫地投票將自己的特權放棄了，如果他們是單獨考慮這件事，絕對不會有人同意。

經由上面的討論得出的結論是，群體在智力上是要比孤立的個人低，但是從感情及其激起的行動這個角度看，群體和個人相比表現得更好或更差，這是要看環境的。一切都是由群體所接受的暗示所具備的性質決定的。這一點是只從犯罪角度研究群體的作家完全沒能理解的。群體的確經常是犯罪群體，但是同樣它常常是英雄主義的群體。正因為是群體而不是獨立的個人，會拋開一切地赴湯蹈火，為一種教義或觀念的勝利提供了保證；會懷著贏得榮譽的熱情慷慨就義；就會像十字軍時代那樣，會在完全沒有糧草和裝備的情況下，導致群體向異教徒討還基督的墓地，又或者和一七九三年那樣捍衛自己的祖國。這種英雄主義毋庸置疑有著無意識的成分，然而創造了歷史的正是這種英雄主義。如果人民在做大事的時候只會以冷酷無情的方式，世界史上就不會留下他們多少紀錄了。

2. 群體的感情和道德觀

提要：（1）群體的衝動、易變和急躁。所有刺激因素都支配著群體，並且它的反應會不斷地產生變化／群體不會深謀遠慮／種族的影響。（2）群體易受暗示和輕信。群體受暗示所影響／它把頭腦中產生的幻覺看成現實／這些幻覺對組成群體的所有個人都是一樣的原因／群體中有教養的人和無知的人區別很小／群體中的個人受幻覺支配的實際例子／史學著作的價值少之又少。（3）群體情緒的誇張與單純。群體不能有懷疑和不確定／它們的感情總是很偏激。（4）群體的偏執、專橫和保守。這些感情的緣由／群體面對強權阿諛奉承／一時的革命本能對他們極端保守沒有影響／本能敵視變化和進步。（5）群體的道德。群體的道德可以比個人高尚或低劣／解釋和實例／群體很少被利益的考慮所影響／群體具有道德淨化作用。

在對群體的主要特點進行概括說明之後，還要研究這些特點的細節。

應當指出，群體的某些特點，如衝動、不冷靜、不夠理性、沒有判斷力和批判精神、誇大感情等等，常常可以在例如婦女、野蠻人和兒童等低級進化形態的生命中看到。不過這一個看法我只是提一下，不會在本書中對它進行論證。再說，這對於熟悉原始人心理的人用處很小，對此事一無所知的人也很難讓他們相信。

現在我就一步步地對可以在大多數群體中看到的不同特點進行討論。

（1）群體的衝動、易變和急躁

在對群體的基本特點進行研究時我們曾說，可以說它完全是被無意識動機所支配。它的行為主要不是受大腦的影響，而是脊椎神經。在這個方面，群體與原始人十分相同。從表現這個角度來說，他們的行動可以沒有瑕疵，但是這些行為並不是被大腦支配的，個人是依據他受到的刺激因素決定他怎麼行動的。所有刺激因素對群體都有控制作用，並且它的反應會不斷地產生變化。群體是刺激因素的奴隸。孤立的個人和群體中的個人一樣，也會被刺激因素所影響，但是他的頭腦會告訴他，被衝動擺布是不值得讚揚的，所以他會約束自己不被擺布。可以用心理學語言來表述這個道理：孤立的個人具有掌握自己的反應行為的能力，群體則不具備這種能力。

根據群體產生興奮的原因，它們所服從的各種衝動可以很爽快的、很殘忍的、英勇的或軟弱的，但是這種衝動總是非常強烈的，所以個人利益，甚至保存生命的利益，也很難對它們進行支配。刺激群體的因素非常多，群體總是被這些刺激所屈服，所以它也很容易變化。這說明了我們會看到的原因，它可以很快就從最暴力的狂熱變成最極端的豁達大度和英雄主義。群體做出劊子手的舉動也是很容易的，同樣慷慨就義也是很容易。為每一種信仰的勝利而不惜流血犧牲，就是群體。若想知道群體在這方面能做出的事情是什麼，不必回頭看英雄主義時代。它們在起義中從不疼惜自己的生命，就在不久以前，一位突然名望極高的將軍[1]，只要他一聲令下，可以輕而易舉地找到上萬人，他們會為他的事業流血犧牲。

所以，群體根本不需要任何預先策劃。他們可以先後被最矛盾的情感所激發，但是他們又總是被當前刺激因素所左右。他們就像被風暴吹拂飄揚不定的樹葉，朝著不同方向飛舞，最後又落在地上。下面我們對革命群體進行研究時，會挑選一些他們感情易變的事例。

群體的這種易變性造成對它們的統治會難度很大，當公權力落到它們手裡時更是這樣。一旦日常生活中各種必要的事情不再受到對生活構成看不見的約束，民主持續的時間就會很短。此外，群體雖然狂亂的願望有很多，它們卻都比較短暫。群體對任何長遠的打算或思考都是沒有什麼能力的。

群體不但衝動而且多變。和野蠻人一樣，很難理解自己的願望和這種願望的實現之間會出現任何障礙，同時也沒有承認這種障礙的打算，因為數量上的絕對優勢使它感到自己不可抵擋。對於群體中的個體來說，不可能的概念不存在了。孤立的個體是很清楚的，獨自一人絕對不會去焚燒宮殿或打砸搶奪，哪怕受到誘惑，也能做到自我克制。當成為群體的一員時，人數賦予他的力量他就會意識到，這完全能讓他產生燒殺掠奪的念頭，面對這種誘惑會很快就屈服。意料之外的障礙會被粗暴地摧毀。人類的機體真的能夠產生大量狂熱的激情，所以可以這樣說，這種激憤狀態就是願望受阻的群體所形成的正常狀態。

種族的基本特點是人們產生一切情感的源頭，對群體的急躁、衝動和多變都會產生影響，正像它會對我們所研究的一切大眾感情產生影響一樣。可以說所有的群體都是急躁而易怒的，但程度卻是有區別的。例如拉丁民族的群體和英國人的群體的差別就非常的顯著。最近法國歷史中的事件就生動地說明了這一點。二十五年前，僅僅因為一份據說某位大使受到侮辱的電報被公之世人，就足以觸犯眾怒，結果一場可怕的戰爭就這樣被挑起來了。[2]幾年後，關於諒山一次無關緊要的失敗的電文，再次把人們的怒火激了起來，由此出現了政府立刻垮台的結果。就在同時，遠征喀土穆的英軍遭受了一次慘痛的失敗，這在英國引起的情緒卻是很輕微的，甚至大臣都沒有被解職。任何地方的群體

1 指布朗熱將軍。

2 指西元1870年爆發的普法戰爭，導火線是普魯士宰相俾斯麥公開了一封具有挑戰性的「埃姆斯電報」。

都有些女人氣，而女人氣最多的是拉丁族裔的群體，凡是得到他們信賴的人，命運會馬上隨之改變。但是這樣做，卻和在懸崖邊上散步是一樣的，說不定哪天就會墜入深淵。

（2）群體的易受暗示和輕信

我們在對群體進行定義時說過，它的一個普遍特徵是容易受人暗示，我們還指出了在一切人類集體中暗示的傳染性所能達到的程度；這個事實也是群體感情可以向某個方向迅速轉變的原因。不管人們認為這一點多麼微不足道，群體通常總是處在一種期待注意的狀態中，因此很容易受人暗示。最初的提示，經過相互傳染這個過程，會很快進入群體中所有人的頭腦，群體感情的一致傾向會立刻形成一個已經確定的事實。

就像處在暗示影響下的所有個人所表現的那樣，進入大腦的念頭變成行動的速度很快。不管這種行動是縱火搶奪，還是自我犧牲，群體都會勇往直前。一切都是由刺激因素的性質來決定的，而不再像孤立的個人那樣，是由受到暗示的行動與全部理由之間的關係決定的，後者可能與採取這種行動極為對立。

於是，群體永遠在無意識的領地漫遊，會隨時聽命於一切暗示，表現出對理性的影響無動於衷的生物所特有的激情，它們的批判能力都消失了，除了極端輕信外不會有別的可能。在群體中間，沒有什麼不可能的事情，想要理解那種編造和傳播子虛烏有的神話和故事的能力，這一點必須牢牢記住。[3]

一些可以輕易在群體中流傳的神話能夠產生的原因是，他們極端輕信，也是事件在人群的想像中經過了歪曲之後造成的後果。在大庭廣眾下發生的再簡單不過的事情，沒多久就會變得不成樣子。群體是用形象來思維的，而形象本身又會立刻引起一系列與它毫無邏輯關係的形象。有時會因為在頭腦中想到的任何事實我們會有一連串的幻覺產生，只要我們想一下這個，這種狀態我們就能很容易理解了。我們的理性告訴我們，它們沒有任何關係。但是群體對這個事實卻不聞不問，把歪曲性的想像力所引起的幻覺和真實事件混為一談。群體很少區分主觀和客觀。頭腦中產生的景象它也當作現實，儘管這個景象同觀察到的事實的關係微不足道。

群體對自己看到的事件進行歪曲的方式多且雜，原因是組成群體的個人的傾向有很大的不同。但是情況不是這樣。作為相互傳染的結果，受到歪曲是相同的，在群體中所有個人表現出來的狀態也是相同的。

群體中的一個人第一次歪曲真相，是傳染性暗示過程的起點。耶路撒冷牆上的聖喬治在所有十字軍官兵面前出現時，在場的人中肯定有個人第一個感覺到了他的存在。在

3　經歷過巴黎遭受圍困的人，可以看到群體輕信的很多例子。如果樓頂亮起一盞蠟燭，很有可能就會聚集起一群人，當作是向圍攻者發出的信號。但是，稍微清醒地思考就知道，數里之遙是看不到燭光的。

暗示和相互傳染的作用下，一個人編造的奇蹟，會馬上就讓所有人都接受。

歷史中經常出現的這種集體幻覺的機制就是這樣來的。這種幻覺首先具備一切公認的真實性特點，因為它是被無數人看到的現象。

若想對以上言論進行反駁，就不需要把組成群體的個人的智力品質考慮在內。這種品質無關緊要。從他們成為群體一員開始，學識淵博的人和白癡都失去了觀察能力。

這個觀點看起來不太通。想要把人們的疑慮消除，必須對大量的歷史事實進行研究，哪怕寫下好幾本書，也可能達不到這個目的。

但是我不希望讀者認為我的主張沒有得到證實。所以我要舉出幾個實例來論證，它們都是從可以引用的無數事例中隨機挑出來的。

下面這個實例是最典型的，原因是它來自使群體成為犧牲品的集體幻覺。這些群體中的個人，不但有最不明事理的，也有學識淵博的。一名海軍上尉朱利安·菲力克斯在他的《海流》一書中說到了這件事，《科學雜誌》也曾引用過它。

護航艦「貝勒·波拉」號在外海飄蕩，想尋找到在一場風暴中與它失去聯繫的巡洋艦「波索」號。當時正值陽光燦爛的豔陽天，值勤兵發現有一艘船隻發送了遇難信號。船員們沿著信號指示的方向望去，所有官兵都清楚地看到了發出遇難信號的船拖著一隻載滿了人的木筏。但是最後證實這只是一種集體幻覺。德斯弗斯上將放下一條船把遇難者營救上岸。在靠近目標時，船上的官兵看到「有一大群活著的人，他們伸著手，甚至很多混亂的哀號的聲音都能聽到」。但是到達目標的時候，船上的人卻看到他們找到的僅僅是幾根長滿樹葉的樹枝，它們是從附近海岸漂過來的。在一望而知的事實面前幻覺才消失了。

從這個事例中我們可以清楚地看到上面解釋過的集體幻覺的作用機制。一方面是看到一個在期待中觀望的群體，另一方面是值勤者發現有遇難船隻發遇難信號這樣一個暗示。在相互傳染的過程中，當時的全體官兵接受了這種暗示。

歪曲了眼前發生的事情，真相被與它無關的幻覺所取代——群體中有這種情況出現，並不一定是要人數很多。一個集體的形成可以是幾個人聚集在一起，就算他們全是學識淵博之人，在他們的專長之外同樣會有群體的所有特點表現出來。他們每個人所具有的觀察力和批判精神會消失不見。敏銳的心理學家達維先生在《心理學年鑒》中為我們提供了一個和這個問題密切相關的奇妙的例子。達維先生召集了一群包括英國最著名的科學家之一華萊士先生等傑出的觀察家，讓他們對物體進行審查並根據自己的想法做上標記之後，達維先生當著他們的面將精神現象即靈魂現形的過程演示了一下，並讓他們將之記錄下來。這些傑出觀察家得到的報告全都同意，他們觀察到的現象只能透過超自然的手段獲得。他向他們表示，這只是簡單的騙術造成的結果。「達維先生的研究中最令人驚訝的特點」，這份文獻的作者說：「不是騙術本身的神奇，而是外行目擊者所提供的報告的極端虛假。」他說：「很明顯，甚至很多目擊者也會列舉出一些完全錯誤的條件關係，但它的結論是，假如他們的描述被確認是正確的，那麼就不能用騙術來解釋他們所描述的現象。達維先生發明的方法很簡單，他竟然採用這些方法人們不免有些吃驚。但是他具有支配群體大腦的能力，他可以讓他們相信，他們看到了自己並沒有看到的事情。」這裡我們遇到的仍然是催眠師影響被催眠者的能力。可見，哪怕是頭腦非常嚴謹，事先就要求其抱著懷疑態度的人，這種能力也是可以產生作用，它能很輕鬆地讓普通群體上當受騙，這也就見怪不怪了。

同樣的例子特別多。在我寫下這些文字時，各家報紙上都是兩個小女孩在塞納河溺水身亡的報導。五、六個目擊者證據確鑿地說，他們認出了這兩個孩子。所有的證詞千篇一律，不容預審法官再有任何懷疑。他簽署了死亡證明。但就在為孩子舉行葬禮時，一個驚訝的事件讓人們發現，本來以為死了的人還活著，並且她們和溺水而死的人相似之處卻非常的少。這和前面提到的事例一樣，第一個目擊者本人就是幻覺的犧牲品，他的證詞對其他目擊者所產生的影響是很大的。

在這類事情中，暗示最開始一般都是某個人非常模糊的記憶所產生的幻覺，在這一最開始的幻覺得到確定之後，就會引起相互傳染。如果第一個觀察者沒有任何事實依據，卻對於自己已經辨認出的屍體他很確信，除了一切真實的相似之處以外，有時會呈現出一些特徵，例如一塊傷疤，或一些讓其他人產生同感的裝束上的細節。由此產生的同感會成為一個肯定過程的核心，它會把理解力征服，讓一切判斷力都被窒息。觀察者這時看到的是他頭腦中產生的幻象，不再是客體本身。在舊事重提的報紙所記錄的如下事例中，自己的母親竟然認錯了孩子的屍體，所以可以得到解釋。從這種現象中，肯定可以把我剛才已指出其作用的兩種暗示找出來。

另一個孩子認出了這個孩子，但他弄錯了。於是沒有根據的辨認過程開始了。一件不可思議的事發生了。在同學辨認屍體的第二天，一個婦女喊道：「天哪，那是我的孩子。」

她走近屍體，看了看他的衣服，又觀察了下他額頭上的傷疤。「這肯定是我兒子，」她說，「他去年七月失蹤。他一定是被人拐走殺害了。」

這女人是福爾街的看門人，姓夏凡德雷。她的表弟也來了。問到他時，他回答道：「那是小費利貝。」在這條街上住的好幾個人，也都說在拉弗萊特找到的這孩子是費利貝．夏凡德雷，其中孩子的一個同學，他是根據那孩子佩戴的一枚徽章來判斷的。

但是，鄰居、表弟、同學和當媽的全弄錯了。六週後，確認了那孩子的身分。他是波爾多人，在波爾多遇害，又被一夥人運到了巴黎。[4]

應當指出，產生這種誤認的通常是婦女和兒童——也就是最沒有主見的人。他們也向我們表明，這種目擊者在法庭上的價值會是什麼。特別是就兒童而言，他們的證詞絕對不能當真。一般常習慣說兒童天真無邪。哪怕只有一點基本的心理學修養，他們也會知道，事情往往是相反的，兒童一直在說謊話。雖然這種謊言很無辜，但它仍然是謊言。和經常發生的情況那樣，拿孩子的證詞來判決被告的命運，還沒有用扔錢幣的方式看起來更合理。

還是繼續說群體的觀察力這個問題吧。我們的結論是，他們的集體觀察出錯的可能性很大，很多時候它表達的是在傳染過程中對同伴的個人幻覺的影響。各種事實都證明，應當明智地判斷群體的證詞的極不可靠性，它甚至能夠達到歎為觀止的程度。二十五年前的色當一役，參與了著名的騎兵進攻的有數千人，但是面對那些目擊者相互矛盾的證詞，我們根本沒辦法確定指揮這場戰役的到底是誰。英國將軍沃爾斯利爵士在最近的一本書中證明，關於滑鐵盧戰役中一些最重要的事件，數百人曾證明過的事實，現在還有人一直在犯這種嚴重的事實錯誤。[5]

這些事實告訴我們群體的證詞價值是什麼。討論邏輯學的文章有無數證人的一致同意，所以屬於可以用來支持事實之準確性的最強有力的證明。但是群體心理學知識告訴我們，在這個問題上，討論邏輯的文章需要重寫。那些觀察者人數最多的事件往往是最受到嚴重懷疑的。一件事無數個目擊者都有證實，這通常也就是說真相與公認的記述可能相差很大。

從以上情況可以得出明確的結論是，史學著作，我們只能看成是純粹想像的產物。它們是對觀察有誤的事實所做的沒有什麼根據的記述，並且一些對思考結果的解釋也摻雜在其中。寫這樣的東西就是在浪費時間。假如歷史沒有給我們留下文學、藝術和不朽之作，我們對曾經的時代真相便一無所知。關於那些在人類歷史上發揮過重大作用的如赫拉克利特[6]、釋迦牟尼或穆罕默德等偉大人物的生平，我們有的記錄有一句是真實的嗎？很可能沒有一句是真實的紀錄。不過實話實說，他們的真實生平對我們並不重要。我們想要知道的，是我們的偉人在大眾神話中呈現出的形象是什麼樣的。打動群體心靈

4《閃光報》，西元1895年4月21日。

5 對於一場戰爭我們知道多少？它是如何發生的？也許我們只知道誰是侵略者，誰是被侵略者，僅此而已。德哈考特先生對自己親眼所見的索爾費里諾戰役的一番言論，也許適用於所有的戰役：「將軍們提出他們的官方報告；勤務官對這些文件進行修改，做出描述；參謀長提出不同意見並在新的基礎上徹底重寫。它被送到元帥那裡審閱，批示是『你們都搞錯了』，於是他的一份新文件將取代所有的意見。」德哈考特提出的這個事實就是想說明，即使給人留下深刻印象、觀察最充分的時間，也不可能復原真相。

6 赫拉克利特（Heracleitus，約西元前540——約前480），古希臘唯物主義和辨證法哲學家。他認為世界是永遠變動的，而這種變動是按照一定的尺度和規律進行的。這就是他的邏各斯學說，對後世影響極大。

的不是一時的真實英雄，是神話中的英雄。

不幸的是，神話雖然被清晰明白地記錄在書中，它們本身卻並沒有穩定性。隨著時光的流逝，特別是因為種族的緣故，他們不斷地被群體的想像力所改變。《舊約全書》中殺人如麻的耶和華與聖德肋撒[7]愛的上帝大相徑庭，活佛在中國備受推崇，但與印度人所尊奉的佛祖沒有什麼相同的特點。

英雄的神話因為群體的想像力而改變，讓英雄遠離我們，也不需要數百年的時間。轉變有時就在幾年之內就發生。我們在自己這個時代便看到，歷史上最令人欽佩的偉人之一的神話，在短短五十年間便更改了無數次。在波旁家族的統治下，拿破崙是田園派和自由主義的慈善家，一個卑賤者的朋友。在詩人眼裡，他注定會一直留存在鄉村人民的記憶之中。三十年後，這個溫和的英雄又變成了一個殺人如麻的暴君，他篡奪權力並將自由毀滅，為了使自己的野心得到滿足，三百萬人丟掉了性命。現在我們看到這個神話又有變化在發生。數千年之後，未來的學識淵博之人面對這些矛盾百出的記載，可能會懷疑是不是真有過這位英雄，就和現在很多人懷疑釋迦牟尼是否存在一樣。從他身上，他們只會看到一個光鮮亮麗的神話或一部赫拉克利特式傳奇的演變。對這種不能完全確定的情況，他們就很容易問心無愧，因為對比今天的我們，他們更清楚群體的特點和心理。他們知道，歷史沒有什麼保存其他記憶的能力，除了神話以外。

（3）群體情緒的誇張與單純

不管群體表現出來的感情是好是壞，極為簡單而誇張就是它最突出的特點。在這方面，就像許多其他方面一樣，群體中的個人類似於原始人，因為做不到細緻的區分，就把事情看成一個整體，它們的中間過渡狀態卻看不到。群體情緒的誇張也會被另一個事實所強化，即不管感情是什麼，一旦它表露出來，透過暗示和傳染過程而以非常迅速的速度得以傳播，它所明確讚揚的目標力量會大大增強。

群體情緒的簡單和誇張，它所造成的結果就是全然不知懷疑和不確定性為何物。它和女人差不多，會突然陷入極端。懷疑一說出口，立刻就會成為毋庸置疑的證據。厭惡的情緒或有反對意見，如果是發生在孤立的個人身上，力量渺小到可以忽略，若是群體中的個人，卻能立刻變得暴跳如雷。

群體感情的狂暴，特別是在異質性群體中間，常常因責任感完全消失而使之強化。意識到肯定不會受到懲罰——而且人數越多，這一點就越是肯定——以及因為人多勢眾而一時產生的力量感，會使群體表現出一些孤立的個人不可能有的情緒和行動。在群體中間，白癡、智力低下和妒忌心重的人，會將自己卑微無能的感覺擺脫掉，會擁有到一

7 聖德蘭（Saint Therese，1873——1897），法國著名天主教修女，因肺結核去世。傳世之作書信體《靈魂經歷》。

種冷酷、短暫但又不可估量的力量。

不幸的是，群體的這種誇張傾向，常常會對一些惡劣的感情產生作用。它們是原始人的本能隔代遺傳的殘留，孤立而有責任心的個人因為怕受懲罰，必須約束它們。所以群體做些最惡劣的極端勾當確實很容易。

不過，這並不是說群體沒有能力在巧妙的影響之下，表現出英雄主義、無私精神或最崇高的美德。他們和孤立的個人相比更容易表現出這些品質。當我們對群體的道德進行研究時，我們很快還有機會繼續討論這個話題的。

群體因為對自己的感情進行誇大，所以能打動它只有極端的感情。希望把群體感動的演說家，必須強勢無禮，誠懇有加。言過其實、鐵證如山、多次重複、絕對不以說理的方式證明任何事情——這些都是公眾集會上的演說家常常用的論說技巧。

進一步說，對於他們自己的英雄的感情，群體也會做出類似的誇張。英雄表現出來的品質和美德，一定會被群體誇大。早就有人明確指出，觀眾會希望舞台上的英雄具有現實生活中不會存在的勇氣、道德和美好品質。

在劇場裡觀察事物的特殊立場，它的重要性很早就有人正確認識到了。這種立場的存在是毋庸置疑的，但是它的原則與常識和邏輯基本上沒有相同之處。打動觀眾的藝術當然品味低下，不過這也得具備特殊的才能。透過閱讀劇本來對一齣戲的成功進行解釋，可以說是做不到的。劇院經理在接受一部戲時，它能否取得成功他們自己通常並不知道，如果想判斷此事，他們就需要把自己變成觀眾。[8]

這裡我們可以再次做出更廣泛的解釋。我們會說明種族因素的壓倒性影響。一部歌劇，在某國掀起熱潮，在另一國卻可能會失敗，或取得的成功只是部分的或平常的，原因是它沒有產生能夠作用於另一群公眾的影響力。

我不需要再多說，群體的誇張傾向只對感情產生作用，對智力沒有任何作用。我已經說明，個人如果成為群體的一員，他的智力會降低很多。一位有學問的官員塔爾德先生，在對群體犯罪研究時也證實了這一點。群體只是能夠讓感情得以提升到極高——或相反——極低的境界。

（4）群體的偏執、專橫和保守

群體知道的情感都很簡單而極端：給他們提供的各種意見、想法和信念，他們要麼全部接受，要麼全部拒絕，把它看成是絕對真理或絕對謬論。用暗示的辦法對他們進行誘導而不是做出合理解釋的信念，一直都是這樣。和宗教信仰有關的偏執及其對人們的

8 常常會有一些劇院將一些作品拒之門外，可是由於偶然的機會它被搬上舞台，往往會獲得非同凡響的效果。就像曾被拒絕過的《夏萊的姨媽》，就是因為一個股票商出鉅資將其搬上了舞台，使之重見天日，大獲成功，在法國演出200多場，在倫敦演出1000多場。因而，對此做一解釋，便於理解這類既非常專精，又十分小心避免失誤的人為何容易判斷失誤。

頭腦實行的專制統治，很早大家就知道了。

對何為真理何為謬誤深信不疑，另一方面，又明白地意識到自己的強大，群體便把專橫的性質賦予到自己的理想和偏執上面。個人可以接受矛盾，進行討論，群體不可能這樣做。在公眾集會上，演說者如果做出很微小的反駁，可能就會招來怒吼和粗野的叫罵。在鄙視的噓聲和驅逐聲中，演說者很快就會敗下陣來。當然，假如現場沒有當權者的代表這種約束性因素，反駁者可能會以死來收場。

專橫和偏執，一切類型的群體都具有這樣的共性，但是它在強度上是有差別的。在這個方面，支配著人們感情和思想的基本的種族觀念，會一再表現出來。特別是在拉丁民族的群體中，專橫和偏執，能夠發展到令人歎為觀止的地步。實際上，這兩種態度在拉丁民族的群體中的發展，已經將盎格魯-撒克遜人所具有的那種強烈的個人獨立感情完全破壞了。拉丁民族的群體只看到他們所屬宗派的集體獨立性，對獨立有獨特的見解的人，認為必須讓那些與他們意見相悖的人立刻強烈反對自己的信念。在各拉丁民族中間，從宗教法庭時代到來後，各個時期的雅各賓黨人，對自由的理解從來只是千篇一律沒有新的看法。

專橫和偏執是群體有著明確認識的感情，這種情感產生起來很容易，而且只要有人在他們中間對這種情緒進行煽動，他們可能都會馬上行動。群體對強權百依百順，卻很少被仁慈的心腸打動，他們認為仁慈是懦弱無能的另一種形式。他們的同情心從不是順從性格溫和的主子，而是屈服於嚴厲欺壓他們的暴君。他們總是為這種人塑造最壯觀的雕像。不錯，他們喜歡蹂躪摧殘被他們剝奪了權力的專制者，但那是因為在失勢之後他也變成了一個普通人。他被人看不起是因為他不再讓人害怕。群體喜歡永遠像個凱撒的英雄。他的權杖吸引著他們，他的權力震懾著他們，他的利劍讓他們心懷敬畏。

群體對於軟弱可欺者會隨時反抗，對強權卻言聽計從。如果強權斷斷續續，而群體又總是被極端情緒所影響，它便會表現得變化很快，時而胡作非為，時而俯首貼耳。

然而，如果以為群體中處於主導地位的是革命本能，那就完全沒有理解它們的心理。在這件事上讓我們上當的，僅僅是它們的暴力傾向。它們的反叛和破壞行為的爆發總是十分短暫的，群體被無意識因素強烈地支配著，所以對於世俗的等級制很容易屈服，肯定會十分保守。對它們不聞不問，對混亂他們很快會感到厭倦，本能地變成奴才。當波拿巴對一切自由進行壓制時，讓每個人都對他的鐵腕感同身受時，正是那些最狂妄不羈的雅各賓黨人對他發出歡呼。

如果不將群體深刻的保守本能考慮在內，理解歷史就很難，特別是民眾的革命。不錯，它們可能希望改頭換面，為了取得這種變革，它們有時甚至進行暴力革命，然而這些舊制度的本質仍然反映著種族對等級制的需要，因此它們一定能得到種族的服從。群體的多變，只會對很表面的事情有影響。其實它們和原始人一樣，有著牢不可破的保守本能。它們對一切傳統的迷戀與崇拜是毋庸置疑的；對一切有可能將自身生活基本狀態改變的新事物，有著堅不可摧的無意識恐懼。在發明紡織機或出現蒸汽機和鐵路的時代，如果民主派掌握著他們今天擁有的權力，這些發明實現的可能性就很小，或至少要付出革命和不斷殺戮的代價。對於文明的進步而言，幸運的是，在偉大的科學發明和工業出現之後，群體才開始掌握了權力。

（5）群體的道德

如果「道德」一詞指的是長久地尊重一定的社會習俗，不斷將私心的衝動壓抑下去，那麼就可以說，由於群體易衝動，易變，所以它不可能是道德的。反之，如果我們把某些一時表現出來的品質，如捨己為人、自我犧牲、不計名利、無私精神和對平等的渴望等，也看成是「道德」的內容，那麼我們可以說，很高的道德境界在群體中會經常出現。

對群體有過研究的少數心理學家，重心只是在他們的犯罪行為，看到這種行為經常發生後，他們得出的結論是，群體的道德水準非常低。

存在這種情況當然很多。但這樣的原因是什麼呢？這不過是因為我們將原始時代的野蠻和破壞性的本能繼承了下來，它潛藏在我們每個人的身上。在生活中，孤立的個人想要滿足這種本能是很危險的，但是當他成為一個不負責任的群體的一員時，因為知道不會受到懲罰，便不會再限制這種本能。在生活中，我們不能將這種破壞性本能發洩在自己的同胞身上，所以就發洩在動物身上。群體捕獵時之所以熱情與兇殘，根源都是一樣的。群體慢慢將那些沒有反抗能力的犧牲者殺掉，表現出一種十分軟弱的殘忍。不過在哲學家看來，這種殘忍，和幾十個獵人聚集成群用獵犬追捕和殺死一隻不幸的鹿時表現出的殘忍，關係非常密切。

群體可以作惡多端，無法無天，但是也能表現出孤立的個人根本做不多的極崇高的行為，如獻身、奉獻和不計名利。以名譽、光榮和愛國主義作為口號，對組成群體的個人的影響是很大的，而且經常可以達到使他不怕犧牲的地步。像十字軍遠征和一七九三年的志願者那種事例，歷史上很多。只有集體能夠表現出偉大的不計名利和獻身的精神。為了自己只有片面瞭解的信仰、觀念和三言兩語，群體就大義凜然地面對死亡，這樣的事例無法估計！不斷舉行示威的人群，為了服從一道命令是很有可能的，而不是增加一點補貼家用的薪水。孤立的個人唯一的行為動機就是私人利益，但這不可能是群體的強大動力。在群體的智力理解不了的多次戰爭中，對群體有著支配作用的肯定不是私人利益——在這種戰爭中，他們寧願自己遭人屠殺，就像是被獵人施了催眠術的小鳥。

即使在一群罪不可恕的壞蛋中間，這種情況也會出現，僅僅因為他們是群體中的一員，便會暫時表現出嚴格的道德紀律。泰納讓人們注意一個事實，「九月慘案」[9]的罪犯把他們錢包和鑽石放在會議桌上，這些是從犧牲者身上找到的，本來把這些東西據為己有是很容易的。一八四八年革命期間，在佔領杜伊勒利宮時呼嘯而過的群眾，那些讓他們興奮不已的物品他們並沒有拿，而其中的每一件都意味著多日的糧食。

群體對個人的這種道德淨化作用，不是一種固定的常規，但是它卻是一種可以經常看到的常態。甚至在不是我剛才提到的那樣嚴重的環境下，這種情況也很容易看到。我前面說過，劇院裡的觀眾要求對作品中的英雄具有的美德給予誇張，一般也會有這種情況，一次集會，即使其成員品質如何低下，他們的表現通常也會是中規中矩。不加檢點的人、拉皮條的人和粗人，在比較正式的場合或攀談中，經常會一下子變得輕言輕語，雖然與他們習慣了的談話相比，這種場合對他們會造成一些不舒適。

群體雖然經常不限制自己低劣的本能，他們也常常樹立起崇高道德行為的典範。如果不計名利、順從和絕對獻身於真正的或虛幻的理想，可以稱之為是美德，那就可以說，群體經常具備這種美德，而且它能達到的水準，哪怕最聰明的哲學家也難以企及。他們當然是在無意識對這些美德進行實踐，然而這無關緊要，我們不該對群體過分苛責，說他們經常被無意識因素所影響，不動腦思考。在某些情況下，如果他們開動腦筋考慮起自己的眼前利益，我們這個世界文明就不會成長，人類也不會有自己的歷史了。

3. 群體的觀念、推理與想像力

提要：（1）群體的觀念。基本觀念和次要觀念/相互矛盾的觀念能夠並存的原因/高深的觀念想要被群眾接受必須經過改造/觀念的社會影響與它含真理與否沒有關係。（2）群體的理性。群體不被理性所影響/群體有的是非常低下的推理能力。它所接受的觀念只有表面上的相似性或連續性。（3）群體的想像力。群體的想像力非常強大/群體只會形象思考，這些形象之間不存在任何邏輯關係/群體很容易被神奇的事物所感動，神奇事物是文明的真正支柱/民眾的想像力是政客的權力基礎/能夠以事實觸發群體想像力的方式。

（1）群體的觀念

在前一本著作[10]研究群體觀念對各國發展的影響時，我們已經指出，每一種文明都是寥寥無幾的幾個基本觀念的產物，這些觀念很少更新。我們說明了這些觀念在群體心

9 指西元1792年9月，巴黎群眾衝入監牢，殺害了眾多被囚的僧侶和貴族，史稱「九月慘案」。
10 勒龐的《民族演化的心理規律》一書，出版於西元1894年。

中是多麼牢不可破，想對這一過程有影響是很困難的，以及這些觀念一旦付諸行動所具有的力量。最後我們又說，這些基本觀念的變化所引發的結果就是歷史大動盪。

我們已經用大量內容來對這個問題進行討論，因此我無需贅言。這裡我只想對群體能夠接受的觀念這一問題，以及他們領會這些觀念的方式簡單地談一談。

這些觀念可以分為兩類。一類是那些因一時的環境影響很短暫的觀念，比如那些只會讓個人或某種理論著迷的觀念。另一類是基本觀念，它們因為環境、遺傳規律和公眾意見而有極大的穩定性。過去的宗教觀念，和今天的社會主義和民主觀念，都屬於這類觀念。現在，我們父輩視之為人生支柱的那些偉大的基本觀念，正在風雨飄搖。它們的穩定性已不復存在，同時，以這種觀點為基礎建立起來的制度也遭受到巨大的打擊。每天都在形成大量我剛才說過的那種曇花一現一般的觀念，但是它們的生命力很弱並很少能夠發揮持久的影響。

不管給群體提供觀念是什麼，只有當它們具有絕對的、不容妥協的和簡明扼要的形式時，就能產生巨大的影響。所以它們都會披上形象化的外衣，也只能依託這種形式，才能為群眾所接受。在這些形象化的觀念之間，在邏輯上沒有相似性或連續性，它們可以相互替代，就像操作者從幻燈機中取出一張又一張疊在一起的幻燈片一樣。這就是我們能夠看到最矛盾的觀念在群體中同時流行的原因。隨著時機不同，群體會處在它的理解力所及的不同觀念之一的影響之下，因此能夠做出天壤之別的事情。群體完全缺乏批判精神，所以這些矛盾覺察不到。

這種現象並不是群體所特有的。許多孤立的個人，不只是普通人，連智力的某個方面接近於原始人的所有人，例如宗教信仰上的狂熱宗派成員，他們身上都會展現這種現象。我曾看到，在我們歐洲大學裡受過教育並取得了文憑有教養的印度人，就不可思議地表現出這種現象。一部分西方觀念是以他們一成不變的、基本的傳統觀念或社會觀念為依託的。不同場合，這一套或那一套觀念就會表現出來，並伴之以相應的言談舉止，這會讓同一個人看起來很矛盾。不過，與其說這些矛盾是真正存在的，不如說這種矛盾只是一種表面現象。因為只有世代相傳的觀念才能對孤立的個人產生足夠的作用，成為他的行為動機。只有當一個人因為不同種族的通婚而處在不同的傳統傾向中間時，他的行為才會真正偶爾表現得完全相反。這些現象在心理學上非常重要，不過在這裡對其解釋確實無關緊要。我的態度是，如果充分理解它們，至少要花上十年時間周遊各地進行觀察。

觀念想要被群眾所接受，就得採取簡明扼要的形式，所以要對它進行一番徹底的改造，才能變得簡單明瞭。當我們面對的是有些博大精深的哲學或科學觀念時，我們更是會看到，為了與群體低劣的智力水準相適應，就需要對它們進行非常深刻的改造。

這些改造是由群體或群體所屬的種族的性質決定的，不過它的正常趨勢都是觀念的通俗易懂。這也解釋了為什麼從社會的角度看，現實中很少存在觀念的等級制，也就是說，很少存在著有高下之分的觀念。一種觀念，不管它剛出現時多麼崇高或準確，它那些高深或偉大的成分，僅僅因為它進入了群體的智力範圍並對它們產生作用，便會被全部剝奪。

不過從社會的角度看，一種觀念的等級價值，它的固有價值並不十分重要，而是要多多考慮它所產生的效果。中世紀的基督教觀念，上個世紀的民主觀念，以及現在的社會主義觀念，都不是太高明。從哲學的角度來分析，它們只能算是一些令人惋惜憤恨的錯誤，但是它們的威力卻不容忽視，在未來很長一段時間裡，它們都對各國行動的最基本因素起著決定性作用。

甚至當一種觀念被徹底改造之後，使群體能夠接受時，它也僅僅進入無意識領域，成為一種情感才會產生作用，但是這個過程需要很長的時間，其中涉及的各種過程，我們下文會進行討論。

但不要認為，一種觀念如果它是正確的就能在有教養者的頭腦中產生作用。只要看一下最確鑿的證據對大多數人的影響多麼微不足道，立刻就可以弄清楚這個事實。充足的證據，有教養的人可能會接受，但是很快信徒就會被他的無意識的自我重新帶回他原來的觀點。人們將看到，沒有幾天的時間他就會故態復萌，用同樣的語言將他過去的重新提出證明。實際上他仍被以往的觀念所影響，它們已經變成了一種情感；這種觀念對我們的言行舉止的影響是最隱密的動機。群體中的情況也是這樣。

當觀念透過不同的方式，最終進入到群體的頭腦之中並且產生了很多作用時，和它對抗是徒勞無功的。引發法國大革命的那些哲學觀念，將近一個世紀才能使之深入到群眾的心中。一旦它們變得牢不可破，其不可抗拒的威力眾所周知。整個民族為了社會平等、為了實現抽象的權利和理想主義自由而做的不懈追求，使所有的王室都風雨飄搖，使西方世界陷入大的動盪之中。在二十年的時間裡，各國都有內戰，歐洲出現了甚至連成吉思汗看了也會心驚肉跳的大屠殺。這還是世界第一次出現因為一種觀念的傳播而引起如此大規模的悲劇性後果。

讓觀念在群眾的頭腦裡札根需要很長時間，而根除它們所需要的時間也是很長。所以就觀念而言，群體總是比博學之士和哲學家落後好幾代人。我剛才提到的那些基本觀念中其中有很多的錯誤，今天所有的政客也很清楚這一點，但是因為這些觀念的影響力十分巨大，他們也只能根據真理中的原則進行統治，雖然那些原則他自己都不相信。

（2）群體的理性

不能太肯定地說，群體沒有理性或不受理性的影響。

但是它所接受的論證，以及能夠對它產生影響的論證，從邏輯上屬於十分低下的一類，所以把它們稱為推理，僅僅是一種比喻。

和高級的推理一樣，群體低劣的推理能力同樣藉助觀念，不過，在群體所採用的各種觀念之間，只在表面有著相似性或連續性。群體的推理方式和愛斯基摩人的方式是相似的，他們透過經驗論證，冰這種透明物質放在嘴裡會融化，於是同理可得，玻璃同樣屬於透明物質，放在嘴裡也會融化；他們又和一些野蠻人很像，認為把驍勇敵手的心臟吃了，就可以擁有他的膽量；或是如同一些受雇主剝削的苦力，立刻便認為天下所有雇主都在剝削他們。

群體推理的特點，是把只是表面比較相似而本質各不相同的事物攪在一起，並且馬上把具體的事物普遍化。知道怎樣操縱群體的人，給他們提供的也正是這種論證。它們是能夠影響群體的唯一論證，包括一系列環節的邏輯論證，群體也是很難理解的，因此可以這樣說，他們並不進行推理或只會錯誤地進行推理，也不會被推理過程所影響。看看一些演說詞裡，就有很多的問題讓人不可思議，但是它們對聽眾的影響力卻是巨大的。有一點我們忘記了，演說詞是用來說服集體的，而不是讓哲學家閱讀的。和群體有交往密切的演說家，能夠在群體中把對他們有誘惑力的形象激發出來。只要能做到了這一點，就可以說他達到了自己的目的。二十本在經過認真思考後源源不斷的長篇論證，還沒有幾句對它試圖說服的頭腦，能夠形成有號召力的話。

沒有必要進一步指出，群體沒有推理能力，所以它也不具有任何批判精神，換句話說，它不能區別真偽或對任何事物有正確的判斷標準。群體只是接受強加給他們身上的判斷，而絕不是在討論後被採納的判斷。在這方面，很多個人和群體相比水準也不會高太多。有些意見很容易就得到了普遍贊同，更多的是因為大多數人感到，根據自己的推理形成自己的獨特看法對他們來說不可能。

（3）群體的想像力

和缺乏推理能力的人一樣的是，群體形象化的想像力不但強大而活躍，並且十分敏感。一個人、一件事或一次事故在他們頭腦中喚起的形象，全都生動活潑。從一定意義上說，群體就像個正在睡覺的人，他的理性已被暫時休眠，所以他的頭腦中能產生出非常鮮明的形象，但是只要他能夠開始思考，這種形象也會消失不見。既然群體沒有思考和推理能力，所以他們不認為世上還有做不到的事情。通常他們也會認為，最驚人的事情往往就是最不可能的事情。一個事件中特別的、富有傳奇意味的一面會給群體留下特別深刻的印象，原因就在這裡。實際上，對一種文明進行分析就會發現，那些神奇的、傳奇般的內容就是它能得以生存的真正基礎。在歷史上，表象和真相比起的作用更重要，不現實的因素比現實的因素更重要。

只會形象思考的群體，能打動它們的只有形象。只有形象能吸引或嚇住群體，這是它們的行為動機。

所以，能讓人物形象唯妙唯肖的戲劇表演，對群體的影響是非常巨大的。在羅馬民眾看來，幸福的理想是由麵包和宏大壯觀的表演構成的，他們再無別的要求。在此後的所有時代裡，這種理想幾乎都一樣。而喜劇表演就對各種群體的想像力產生作用。所有觀眾體驗著同樣的感情，這些感情沒有很快地變成行動，不過是因為最無意識的觀眾都會知道，他僅僅是個幻覺的犧牲品，他的喜與樂，都是為了那個想像出來的出人意料的故事。但是有時因為形象的暗示而產生十分強烈的感情，所以暗示通常都是傾向於付諸行動。這類故事我們聽過很多：大眾劇場的經理因為上演了一齣讓人消極悲觀的戲，必須要保護那個扮演叛徒的演員，在他離開劇院的時候，防止他被那些對叛徒的罪惡憤憤不平的觀眾攻擊，儘管那罪行不過是想像的產物。我認為，在這裡我們看到的是群體心理狀態，特別是對其施以影響的技巧之最明顯的表現。虛幻的因素對他們的影響和現實的影響之大沒有不同。他們對現實和想像兩者不加區分。

侵略者的權力和國家的威力，就是以群體的想像力為基礎建立起來的。在領導群體時，特別是要在這種想像力上多花時間。所有重大的歷史事件，佛教、基督教和伊斯蘭教的興起，宗教改革，法國大革命，包括我們這個時代社會主義的崛起，都是因為對群體的想像力產生強烈影響所造成的直接或間接的後果。

此外，一切時代和一切國家的偉大政客，甚至是最專斷強橫的暴君，也都把群眾的想像力看成他們權力的基礎，他們從來不會想透過和它作對而對它進行統治。拿破崙對國會說：「我透過對天主教進行改革，將旺代戰爭終止了，透過讓自己成為穆斯林教徒，在埃及有了立錐之地，透過信奉教皇至上，得到了義大利神父的支持，如果我想去操縱一個猶太人的國家，我也會對所羅門的神廟進行重修。」自從亞歷山大和凱撒以來，可能沒有一個偉大的人物能更好地對怎樣影響群眾的想像力進行瞭解。他始終專心致志的事情，就是對這種想像力產生強烈的作用。在勝利時，在屠殺時，在演說時，在自己的所有行動中，這一點他都要牢記在心。直到他躺在床上就要嚥氣時，對此依舊是耿耿於懷。

如何對群眾的想像力產生影響呢？我們很快就會知道。這裡我們只需說明，想掌握住這種本領，求助於智力或推理是萬萬不可的，換句話說，論證的方式是絕對不能採取的。安東尼[11]讓民眾反對謀殺凱撒的人，採用的辦法是讓民眾意識到他的意志，就是用手指著凱撒的屍體，而不是聰明的說理。

11 安東尼（Marcus Antonius），古羅馬著名政治家。

不管是什麼刺激著群眾的想像力，採取的形式都是令人驚訝的鮮明形象，並且沒有太多的解釋，或僅僅用幾個不同尋常或神奇的事實。有關的事例是一場偉大的勝利、一種大奇蹟、大罪惡或大前景。事例必須擺在作為一個整體的群眾面前，其來源必須不被人所知曉。無數次小罪或小事件，絲毫也不會讓群眾的想像力得以觸動，而一個大罪或大事件卻會給他們留下不可磨滅的印象，即使它的後果造成的危害和一百次小罪相比少之甚少。就是幾年前，流行性感冒僅在巴黎一地就導致五千人死亡，但是這對民眾的想像力沒有絲毫影響。這是因為，這種真實的大規模死亡不是透過某個生動的形象使之表現，而是以每週發布的統計資訊的形式被知道的。相反，如果一次事件造成的死亡不是五千人而是五百人，但它是在一天的時間就在公眾面前發生，就是一次備受關注的事件，例如說是因為轟然倒塌的埃菲爾鐵塔，對群眾的想像力產生的影響就會是非常巨大。因為人們沒辦法看到相關的消息，以為一艘穿越大西洋的汽輪可能已沉沒在大洋中，群眾對此事的想像力的影響整整持續了一週。但是官方的統計顯示，單單一八九四年這一年，就有八五〇條船和二〇三艘汽輪沉沒在海洋中。以造成的生命和財產損失來說，和那次大西洋航線上的失事相比它嚴重得多，而群眾在很多時候都沒有關心過這些接二連三的失事。對民眾想像力有影響的，並不是事實本身，而是它們發生和引起注意的方式。如果讓我表明態度的話，我會說，必須濃縮加工它他們，它們才會形成一種令人目瞪口呆的驚人形象。影響群眾想像力的藝術掌握了，也就可以說統治他們的藝術也掌握了。

4. 群體信仰所採取的宗教形式

提要：宗教感情的意義／它不是由對某個神的崇拜來決定的／它的特點／信念的強大的原因是它採取了宗教的形式／不同的例子／民眾的上帝從未消失／宗教感情復活所採取的新形式／宗教形式的無神論／從歷史角度看這些現象的重要性／歷史上的大事件都是群體宗教感情而非孤立的個人意志的結果。

我們已經證明，群體並不進行推理，它對觀念的態度是全盤接受或是完全拒絕；如果暗示對它產生了影響，將會將他的理解力徹底征服，並且使它更靠近付諸行動。我們還證明，給予群體恰當的影響，它就會為自己所信奉的理想無私奉獻。我們也看到，它只會產生狂暴而極端的情緒，同情心會在很短的時間變成崇拜，而一旦心生厭惡，會馬上變為仇恨。這些一般性解釋，我們已經能從中看到群體信念的性質。

在對這些信念進行更為細緻的考察時，不難發現，不管是在有著狂熱宗教信仰的時代，還是如上個世紀發生了政治大動盪的時代，它們總是採取一種特殊的形式，我除了稱它們為宗教感情之外，再不知道該如何形容了。

這種感情的特點之一就是十分簡單，比如崇拜想像中的某個高高在上的人，崇拜生命賴以存在的某種力量，盲目服從它的命令，不會對其信條展開討論，對這種信條進行傳播的願望，更樂於將不接受它們的所有人看成仇敵。這種感情所涉及的無論是一個沒法看見的上帝、一具木頭或石頭偶像，或者是某個英雄或政治觀念，只要具備上面這些特點，它就具備著宗教的本質。可以看到，它還會在同等程度上表現出超自然和神祕的因素。群體下意識地把某種神祕的力量和一時激起他們熱情的政治信條或獲勝的領袖等同起來。

一個人如果只信仰某個神，他不能稱之為有虔誠的信仰，只有為了一項事業或一個人，他可以將自己的一切思想資源、一切自願的服從行為、真誠的幻想熱情，並把他看成是自己全部思想和行動的目標與準繩時，他才能稱之為是個虔誠的人。

偏執與妄想是和宗教感情密不可分的。只要自信將現世或來世幸福祕密掌握的人，都會出現這樣的表現。當聚集在一起的人被某種信念所激勵時，在他們中間也一定會有這兩個特點。恐怖統治時代的雅各賓黨人，骨子裡就像宗教法庭時代的天主教徒一樣虔誠，他們殘暴的激情也有著同樣的來源。

群體的信念具有宗教情感所固有的盲目服從、殘忍的偏執以及要求狂熱的宣傳等等特點，所以可以這樣說，群眾的所有信念都具有宗教的形式。被一個群體擁護愛戴的英雄，在這個群體看來，他就是一個真正的神。拿破崙做了十五年這樣的神，沒有一個神可以比他更頻繁地被崇拜、更輕鬆地置人於死地。哪怕是基督教和異教徒的神，對於被他們掌握著頭腦的人，也從沒有實行過這麼絕對的統治。

一切宗教或政治信條的創立者能夠站穩腳的原因是，他們成功地把群眾想入非非的感情激發了出來，他們讓群眾從處於崇拜和服從中發現了自己的幸福，無時無刻都準備為自己的偶像出生入死。任何時代都是這樣的。德．庫朗熱在論述羅馬高盧人的傑作中正確地說道，羅馬帝國不是靠武力維持的，而是被它所激發出的一種虔誠的讚美之情所維持。他正確地寫道：「一種統治形式如果在民眾中是被憎惡的，但是竟然被維持了長達五個世紀，世界史上還從沒有過類似的現象……僅僅是帝國的三十個軍團，怎麼做到的能讓一億人卑躬屈膝，這真是無法想像。」他們服從的原因在於，皇帝是羅馬偉業的人格化象徵，他被全體人民像神一般崇拜著。在他的地域裡，哪怕最小的城鎮也設有膜拜皇帝的祭壇。「當時，從帝國的一端到另一端，一種新宗教的興起隨處可見，皇帝本人就是它的神。在基督教以前的很多年裡，被六十座城市所代表的整個高盧地區，紀念奧古斯都皇帝的神殿都建立了起來，這和里昂城附近的廟宇極其相似……其祭司都是由統一的高盧城市選出，他是當地的重要人物……把這一切都說成是畏懼和奴性是行不通的。不可能整個民族都是奴隸，特別是長達三個世紀的奴隸這更是不可能。對君主抱有崇拜之情的並不是那些廷臣，而是羅馬；不單單是羅馬，高盧地區、西班牙、希臘和亞洲也都包括在內。」

大多數對人們的頭腦起支配作用的大人物，現在都沒有聖壇設立，但是他們的雕像還在，或者讚美他們的人手裡有他們的畫像，崇拜這些對象的行為，和他們的前輩所得到的相比沒有任何區別。只要對群眾心理學的這個基本問題進行一下研究，歷史的奧密就會破解。不管群眾需要的還有別的什麼，他們最需要的是一個上帝。

但是我們不能認為，這些事情只是過去時代的神話，現在被理性徹底清除。在同理性永恆的衝突中，失敗的從來就不是感情。儘管群眾神或宗教這種詞已經聽不到了，過去，正是以它們的名義，群眾被長期奴役。但是在過去一百年裡，他們不曾被如此多的對象崇拜過，古代的神也不可能擁有如此多受到崇拜的塑像。近年對大眾運動有過研究的人都知道，在布朗熱主義的旗號下，群眾的宗教本能復活起來是非常容易的。每一個鄉村小酒館裡，都會有這位英雄的畫像。他擁有了扶持正義剷除邪惡的權力，不計其數的人甘願為之奉獻一切。如果他的性格與他傳奇般的名望是相等的，他在歷史上佔據偉人的地位就很容易。

由此可見，斷言群眾需要宗教，實在是沒有什麼用的陳腔濫調，因為所有政治、神學或社會信條，要想在群眾中根深柢固，都必須依託宗教這種形式，這種形式能夠把危險的討論排除在外。即便群眾很有可能接受無神論，這種信念也會由宗教情感中所有的偏執狂表現出來，它很快就會以一種崇拜的形式呈現。實證主義者這個小宗派的演變，就是一個很特別的例證。與杜斯妥也夫斯基這位深刻思想家的名字聯繫在一起的虛無主義者，能在他們身上發生的事情，很快也會在實證主義者身上發生。某一天，他受到理性之光的啟發，將小教堂祭壇上一切神仙和聖人的畫像撕掉，並把蠟燭吹滅，立刻用比希納和莫勒斯霍特[12]等無神論哲學家的著作取代那些被破壞的物品，然後他又虔誠地將蠟燭點燃。雖然他宗教信仰的對象不同了，但是我們能說他的宗教感情也不同了嗎？

我需要再重複一遍，如果我們想要理解一些肯定十分重要的歷史時間，就必須研究群體信念長期採取的宗教形式。對某些社會現象的研究，更需要從心理學這個角度出發，而不是僅限於自然主義的角度。史學家泰納研究法國大革命就是只從自然主義角度，所以他往往看不到一些事件的起源。對事實他有充分進行討論，然而從研究群體心理學這個角度看，他沒能找出大革命的起因。事件中血腥、混亂和殘忍的一面讓他很是驚恐，但是他從那部偉大戲劇的英雄身上，看不到背後還有一群瘋狂的野蠻人胡作非

12 比希納（Ludwig Buchner，1824——1899），19世紀德國無神論哲學家。莫勒斯霍特（Jacob Moleschott，1822——1893），德國哲學家、生物學家。

為，完全任自己的本能放肆。這場革命的暴烈，它的肆意屠殺，它對宣傳的需要，它向一切事物發出的戰爭宣言，只有當認識到這場革命僅僅是一種新宗教信仰在群眾中的建立時，才會得到合適的解釋。宗教改革、聖巴托洛繆的大屠殺[13]、法國的宗教戰爭，宗教法庭、恐怖時期，都屬於同類現象，都是被宗教感情所激勵的群眾所為，只要抱有這種感情的人，一定會用火與劍去把那些反對建立新信仰的人清除掉。一切有著真誠而不屈信念的人都會採用宗教法庭的辦法。假如他們適用了別的辦法，他們的信念也就不會再是這樣的評價了。

像我上面提到的這些大事件，只有在群眾的靈魂允許它們發生時，它們才有發生的可能。這是最絕對的專制者也做不到。當史學家告訴我們是國王製造了聖巴托洛繆慘案，他們對群體心理表現得和君王們一樣不明事理。這種命令只能由群體的靈魂來貫徹。最專制的君主握有最絕對的權力，它的作用僅僅是只能將其顯靈的時間加快或延緩。聖巴托洛繆慘案或宗教戰爭，並不是國王們一個人辦到的，就像恐怖統治不完全是羅伯斯庇爾、丹東或聖鞠斯特[14]所做的一樣。在這些事件的深處，總會發現的絕不是統治者的權力，而是群體靈魂的運作。

第二卷　群體的意見和信念

1. 群體的意見和信念中的間接因素

提要：群體信念的準備性因素。（1）種族。它的影響極其重要。（2）傳統。種族精神的綜合反映／傳統的社會意義／它在失去必要性後會成為有害因素／傳統最堅定的維護者就是群體。（3）時間。它使信念建立，也使信念毀滅／在時間的幫助下從無序走向有序。（4）政治和社會制度。錯誤的認識／它們的影響力非常小／各民族不能選擇自己認為最好的制度／相同的制度名稱下掩蓋著全不相同的東西／理論上不好的制度，對某些民族卻是必不可少的。（5）教育。關於教育對群眾的影響的錯誤觀點／統計學上的說明／拉

13 西元1572年8月23日（「聖巴托洛繆日」）發生在巴黎的對胡格諾教派的大屠殺。

14 丹東（Georges Danton，1759——1794），法國大革命的主要領袖之一。聖鞠斯特（Louis de Saint-Just，1767——1794），法國大革命中極左派代表人物，生性殘暴。

丁民族的教育制度對道德的破壞作用／不同民族的事例。

在對群體的精神結構進行研究之後，我們可以對它的感情、思維和推理方式有所瞭解，現在讓我們來看看怎樣形成它的意見和信念。

對這些意見和信念有決定的因素分間接因素和直接因素兩種。

間接因素指的是能夠使群體接受某些信念，並且讓他再也無法接受別的信念的因素。這些因素為以下情況的出現準備了基礎：突然會有一些威力與結果都令人無法相信的新觀念冒出來，雖然它們的自發性僅僅是一種表象。某些觀念的暴發並變成行動，看起來是很偶然。但這只是一種表面結果，一定有一種持續良久的準備性力量隱藏在它背後。

隨著上述長期性準備工作的延續，它們能夠變成實際說服群體的資源，這就是直接因素。不過，他們產生作用是必須有那種準備性工作的。這就是說，它們是使觀念採取一定形式並且使它會有一定結果產生的因素。集體突然開始執行的方案，就是由這種直接因素造成的。爆發一次騷亂，決定一次罷工，甚至是民眾把推翻政府的權力授予某人，都可歸因於這種因素。

在所有重大歷史事件中，都可以看到這兩種因素產生作用的痕跡。現在我們舉一個最不可思議的例子，哲學家的著作、貴族的苛捐雜稅和科學思想的進步，這些都是法國大革命的間接因素。有了這些影響因素的累積，群眾的頭腦被演說家的演講以及朝廷用無關緊要的改良進行的抵抗所激怒就太容易不過了。

有些間接因素很普遍，可以看出，這就是群體一切信念和意見的基礎。這些因素包括種族、傳統、時代、各種典章制度和教育。

現在我們就來對這些不同因素的影響進行一下研究。

（1）種族

排在第一位的就是種族的因素，這是因為它本身的重要性遠遠超過其他因素。我在前一本著作[15]中曾進行過很多的研究，所以現在無需贅言了。在前一本著作中，我們說明了一個歷史上不同種族所具有的特點，以及它一旦形成了自己的特性，作為遺傳規律的結果，它就具備了這樣的力量，它文明中的一切成分，包括它的信仰、制度和藝術，都是它的氣質的外在表現。我們指出，種族的力量就有這樣的特點，所有要素在從一個民族到另一民族傳播的過程中，都會經歷深刻的變化。

環境和各種事件代表著一時的社會暗示性因素，它們的影響可能相當大，但這種影

15 勒龐《民族演化的心理規律》。

響如果與種族的暗示因素處於對立，換句話說，如果它與一個民族世代繼承下來的因素相反，它就注定會是短暫的。

在本書下面的一些章節裡，我們還會不時觸及種族的影響，從中能看到，這種影響是非常強大，它對群體氣質的特徵有著決定性作用。這一事實引起的後果是，不同國家的群體會有相當不同的信念和行為的表現，受到影響的方式也並不相同。

（2）傳統

傳統就是過去的觀念、欲望和感情。它們是種族綜合作用的產物，並且對我們有著巨大的影響力。

自從胚胎學驗證了過去的時間對生物進化的影響是非常巨大的以後，生物科學便開始有了變化；如果這種理論得以更廣泛的擴散，歷史科學可能也會出現類似的變化。但是目前它的普及程度還不夠，和上個世紀的學究們相比，許多政客仍然沒有高明太多，他們相信社會和自己的過去可以決裂，完全尊崇理性之光所指引的唯一道路前進。

民族是在歷史中形成的一個有機體，所以同其他有機體一樣，它想要發生變化只能透過緩慢的遺傳累積過程。

傳統在支配著人們，當他們形成群體時，就更加是這樣。他們給傳統造成的變化可以很輕鬆，如我一再強調的，只是一些名稱和外在形式罷了。

面對這種狀況，不必太遺憾。擺脫了傳統，不管民族氣質還是文明，都會一起消失的。所以自有人類誕生開始，它就一直有著兩大關切，一是某種傳統結構的建立，二是當有益的成果已變得很衰敗時，人類社會就會努力將這種傳統摧毀。沒有傳統，就不可能有文明；沒有將這些傳統破壞掉，同樣也不可能有進步。如何在穩定與求變之間取得平衡，這是一個非常嚴重的難題。如果一個民族自己的習俗太過於牢固，它再發生變化的可能就很小，這和中國是一樣的，變得沒能使之得到改進。在這種情況下，暴力革命的用處也很少，所以由此造成的結果，或者是打碎後被重新拼接在一起，讓整個過去一成不變地再現，或者是對被打碎的事物置之不理，無政府狀態很快就會把衰敗取代。

所以，對於一個民族來說，將過去的制度保留，只用不易發現的方式一點點地改進它，這是最理想的狀態。這個理想實現起來很難，只有古羅馬人和近代英國人讓它變成現實。

正是群體，固守著傳統觀念不放，且極其固執地反對變革傳統觀念。有地產的群體更是這樣。我一直的看法是群體具有保守主義精神，並且指出，最狂暴的反叛最終也只會造成一些口頭上的變化。上個世紀末，教堂被毀，僧侶們或是被驅逐出境，或是丟掉性命，人們也許認為，過去的宗教觀念的威力盡毀。但是僅僅過去了幾年，為了滿足普遍的要求，被禁止的公開禮拜制度便又建立起來了，被暫時消滅的舊傳統，昔日的影響又得到了恢復。

沒有任何事例能將傳統對群體心態的威力使之更好地反映出來。最被信任的偶像，不是住在廟堂之上的，也不是宮廷裡那些最殘暴的統治者，他們可以瞬間就被人打碎。對我們內心最深處的自我進行支配的，是那些看不見的主人，它可以安全將一切反叛避開，只能在數百年的時間裡被慢慢磨損。

（3）時間

時間是最有利的因素，這對於社會問題就像對生物學問題相似。時間是唯一的真正創造者，也是唯一的偉大毀滅者。積土成山依靠的是時間，從地質時代模糊難辨的細胞過渡到產生出高貴的人類，也依靠的是時間。數百年的作用完全可以把一切固有的現象改變。人們正確地認為，假使給螞蟻充足的時間，勃朗峰它也能夷為平地。如果有人擁有了隨意改變時間的魔法，他就擁有了信徒賦予上帝的權力。

不過，這裡我們只是對群體形成意見的影響討論。從這個角度看，它的作用也是巨大的。一些重大的要素，譬如種族，也都是由它決定，沒有它就形成不了。一切信仰的誕生、成長和死亡都是它引起的。獲得力量他們靠的是時間，失去力量靠的也是時間。

具體來說，時間將群體的意見和信念裝備起來的，或者說群體的意見和信念生長的土壤是它提供的。一些觀念可以在一個時代實現，在另一個時代卻不能實現，原因就在這裡。當各種信仰和思想的碎屑堆積成山的時間，從而某個時代就能夠有觀念產生。這些觀念的出現並不是如擲骰子一樣依靠運氣，它們都深深駐紮在漫長的過去。當它們開花結果時，時間已經為它們做好了準備。如想對它們的起源進行瞭解，就必須回顧過去。它們不但是歷史的兒女，而且是未來的母親，但是也一直是時間的奴隸。

所以，我們最可靠的主人是時間，為了看到一切事物的變化是什麼，應當給他們發揮作用的自由。今天，面對群眾可怕的抱負和它所預示的破壞和騷動，我們誠惶誠恐。要想看到平衡的恢復，除了依賴時間，沒有別的辦法。拉維斯先生這樣說：「沒有一種統治形式可以突然得以建立。政治和社會組織是需要數百年才能形成的產物。在封建制度的典章建立之前，度過了數百年毫無秩序的混亂。在絕對君權存在了數百年之後，才找到了統治的成規。這些等待的時期是極為起伏不平的。」

（4）政治和社會制度

制度能夠使社會的弊端得以改正，改進制度與統治帶來的結果就是國家的進步，可以用命令來實現社會變革——我覺得這些想法仍然受到大家的贊同。政治和社會制度是法國大革命的起點，而且現在的很多社會學說也都是以它為基礎。

最具連續性的經驗一直沒能讓這個重大的謬見得以動搖。哲學家和史學家們百般謀劃想證明荒謬，不過他們卻可以輕而易舉地證明，各種制度是觀念、感情和習俗的產物，而觀念、感情和習俗並不會因法典被改寫而一起被改寫。一個民族不可能對自己的制度隨意挑選，就像自己的頭髮和眼睛的顏色不能隨意挑選一樣。制度和政府都是種族的產物，它們並不是創造了某個時代，而是被這個時代所創造。統治各民族，不是憑藉他們一時的突發奇想，而是他們的性質決定了他們只能被統治。形成一種政治制度需要的時間是上百年，對它進行改造也一樣。各種制度本身沒有固定的優點，就它們本身而言，它們沒有好壞。在特定的時刻對一個民族很有幫助的制度，對另一個民族也許是無益的。

再延伸一下，一個民族並沒有能力去真正改變其各種制度。無需爭辯，以暴力革命為代價，它可以把它的名稱改變，但是它的本質不變。名稱只是沒用的符號，歷史學家在深入到事物的深層時，幾乎不會留意它們。正是因為這樣，世界上最民主的國家[16]英國仍然沿用君主制，存在於那些原屬西班牙的美洲共和國而是被經常表現得十分囂張的最具壓迫性的專制主義統治，雖然它們都有共和制的憲法。對各民族命運具有決定性作用的是它們的性格，而不是政府。在前一本書中，我透過提出典型事例來對這一觀點進行論證。

所以，把時間浪費在制定各種煞有介事的憲法上，就像是哄小孩玩，是無知的修辭學家毫無作用的工作。必要性和時間承擔著對憲政完善的責任，我們最理智的做法，就是讓這兩個因素發揮作用。盎格魯-撒克遜人採用的辦法就是這個，這和偉大的史學家麥考利[17]在一段文字中告訴我們的一樣，拉丁民族各國的政客們，應當真誠學習這種方法。他指出，法律所能取得的一切好處，從純粹理性的角度分析，會有一片荒謬與矛盾表現出來，他然後又對比了拉丁民族發瘋般制定出來的憲法文本與英國的憲法。他指出，後者總是一步步慢慢地發生變化，影響不是來自思辨式的推理，而是來自必然性。是否嚴謹對稱從來不考慮，考慮得更多的是它的方便實用性；從來不單純以不一致為理由去把不一致都消除；除非感到非常不滿，否則就一定不會變革；除非這種不滿能夠完全消除，否則就一定不會革新；除了針對具體情況必須有具體的條款提出之外，否則就一定不會制定任何範圍更大的條款——這些原則，從約翰國王的時代到維多利亞女王的時代，一直對我們二百五十年的議會支配著，讓它變得鎮定自若。

要想說明各民族的法律和各項制度在多大程度上表達著每個種族的需要，不需要對其進行粗暴的變革，而要逐一對它們進行審查。例如，針對集權制的優點和缺點，就需

---

16 這個事實甚至美國的共和主義也是承認的。美國雜誌《論壇》最近鮮明地表達了這種看法。我從西元1894年12月的一期《評論之評論》上摘錄下了這段話：

「絕對不應忘記，即使在對貴族制最熱心的敵人看來，英國也是世界上最民主的國家，這個國家的個人權利能夠得到最大的尊重，個人擁有最大的自由。」

17 麥考利（Thomas Macaulay，1800——1859），英國政治家和學者，著有《英國史》（共四卷），述了西元1688年後英國君主立憲制的發展過程，對後世產生深遠的影響。

要留心哲學上的考究。但是，當我們看到，一個由多種種族構成的國民維護這種集權制用了一千年時間；當我們看到，一場以摧毀過去一切制度為目的的大革命對這種集權制也被迫尊重時，甚至使它進一步強化，在這種情況下，它是迫切需要的產物以及它是這個民族的生存條件這兩點就要承認。對於那些妄談毀掉這種制度的政客，對於它們可憐的智力水準我們需要報以憐憫。如果他們正好做成了這件事，他們的成功預示著一場殘酷的內戰[18]就要到來，一種比舊政權更具壓迫性的新的集權制度就要到來。

從以上的論述得出的結論是，對群體稟性的手段有深刻影響的，不能到制度中去尋找。我們看到，如美國有些國家，在民主制度下取得了高度繁榮，而另一些國家，譬如那些西班牙人的美洲共和國，雖然制度和美國極為相似，卻生活在可悲的混亂狀態之中。這時我們就必須認識到，這種制度和一個民族的偉大和另一個民族的衰敗都是沒有關聯的。支配著各民族的是它們自己的性格，凡是與這種性格有矛盾的模式，都不過是一件借來的外套，一種暫時的偽裝。毋庸置疑，為強行建立某些制度而進行的血腥戰爭和暴力革命一直都在發生，而且還會持續發生。人們對待這些制度就像對待聖人的遺骨一樣，這些制度已經被賦予了創造幸福的超自然力量。所以，從某種意義上可以說，是制度對群體的頭腦產生了反作用，這才引發了這些大動盪。但是實際上並不是制度以這種方式產生了反作用，因為我們知道，不管成功與否，它們本身不具有以這種方式產生反作用，所以它們本身不具備那樣的能力。對群眾頭腦有影響的是各種幻想和詞語，特別是詞語，它們的強大和它們的荒誕一樣，下面我就簡單揭示一下令人震驚的影響。

（5）教育

在當前這個時代的主要觀念中，最前面的就是這樣認為教育能夠大大改變人，它會十拿九穩地改造他們，甚至能把他們變成平等的人這樣一種觀念。這種主張被多次重複，僅僅這個事實就能讓它最終成為最堅定的民主信條。現在要想把這種觀念擊倒，和過去擊敗教會一樣困難。

但是在這個問題上和許多別的問題一樣，民主觀念與心理學和經驗的結論的差異是非常深刻的。甚至是赫伯特·斯賓塞在內的許多傑出哲學家，已經輕而易舉地證明，教育既不會讓人更道德，同樣不會使人更幸福；它既不能將人的本能改變，也不能將人天生的熱情改變，而且甚至在進行不良引導，它的害處遠大於好處。統計學家對於這種觀點已經提供了佐證，他們告訴我們，犯罪會隨著教育，至少是某種教育的普及而增加，社會的一些最壞的敵人，也是在學校獲獎者名單上無可否認的人。一位優秀的官員

18 對大革命時期劃分法國各政黨的一些社科的宗教和政治分歧，尤其是有關社會問題的結論以及法德戰爭期間所表現出來的一些分裂傾向做比較，就會發現各民族融合度還是不高。革命時期強大集權制和建立的一些部門，注定是要將一些舊部進行合併，這是它的一大成就。如果讓今天那些缺乏遠見的頭腦所熱中分權制得到實現，就會引發血腥的暴亂。如果要忽略這些事實，那就是對法國全部歷史的一種褻瀆。

阿道夫．吉約先生在最近一本著作裡指出，目前受過教育的罪犯和文盲罪犯是三比一，在五十年的時間裡，人口中的犯罪比例從每十萬居民二二七人上升成五五二人，增長了一三三%。他和他的同事都注意到，年輕人犯罪增長得特別快，而所有人都知道，法國為了他們，已經用免費義務制教育將繳費制取代。

當然不能說，哪怕進行正確引導的教育，也很難有非常有益的實際結果——這種主張誰都沒有堅持過。就算它不會將道德水準提升上去，至少也會對專業技能的發展很有益。不幸的是，特別在過去二十五年裡，拉丁民族的教育制度被建立在了非常錯誤的原則上，儘管如布呂爾、德．庫朗熱、泰納等最傑出的頭腦，許多人提出了意見，它們依然執迷不悟。法國的教育制度把受過這種教育的大多數人變成了社會的敵人，它讓無法估計的學子加入了社會主義者的陣營，這在我過去出版的一本書裡都有指出。

這種制度可能很適合拉丁民族的稟性，但是其主要危險就是它以完全錯誤的心理學觀點為基礎，認為透過一心學好教科書就能提高智力。因為接受了這種觀點，人們手中的許多手冊中的知識就會更加強化。從上小學直到大學畢業，一個年輕人只能死嗑書本，他的判斷力和個人主動性沒有任何用處。受教育對於他來說等於背書和服從。

當時前公共教育部長朱勒．西蒙先生寫道：「學習課程，把一種語法或一篇綱要牢牢記住，重複得很好，模仿也出色，這實在是一種荒謬的教育方式，它的每項工作都是一種信仰行為，也就是認為教師不會犯錯。這種教育的唯一結果就是把自我貶低，讓我們變得無能。」

如果這種教育僅僅是無用，人們還可以對孩子們表示同情，在小學裡雖然他們沒有從事必要的學習，畢竟學會了一些科勞泰爾後裔的族譜、紐斯特里亞和奧斯特拉西亞[19]之間的衝突或動物分類之類的知識。但是這種制度的危險卻非常嚴重，它使服從它的人非常厭惡自己的生活狀態，極想溜之大吉。工人不想再做工，農民不想再當農民，而大多數地位低下的中產階級，除了靠國家職員這碗飯，不希望他們的兒子做其他職業。法國的學校不是讓人為生活好好準備，而是只希望讓他們在政府機構裡尋找出路，在這個職位上獲得成功，不需要任何必要的自我定向，或哪怕一點個人的主動性表現出來。這種制度在社會等級的最底層，一支無產階級大軍被創造出來，他們對自己的命運怒氣滿腹，隨時都想站起來反抗。在最高層，一群輕浮的資產階級被培養出來，他們既猜忌又輕信，對國家的信任如迷信般，把它看成天道，卻又常常對它報以敵意，總是將自己的過錯推給政府，脫離了當局的干涉，他便一無所成。

用教科書國家製造出很多有文憑的人，然而能利用的只有其中的一小部分，另外一

19 紐斯特里亞和奧斯特拉西亞是中世紀墨洛溫王朝（6——8世紀）時代由法拉克人建立的兩個王國。

些人只能無所事事。所以，飯碗就只能留給先到的，剩下的沒有得到職位的人就全部站在了國家的對立面。從社會金字塔的最高層到最低層，從最低下的小祕書到教授和警察局局長，有大量賣弄文憑的人在圍攻各種政府部門的職位。商人想找到一個人代替他處理殖民地生意比登天還難，可是數以萬計的人卻在尋求最平庸的官職。只在塞納一地，男女教師就有二千名，他們都看不起農田或工廠，只想從國家那裡謀求生存。被選中的人數還是很少的，所以肯定有大量憤憤不平的人。他們隨時會參與任何革命，不管統治者是誰，也不管它的目標是什麼。可以說，掌握一些派不上用場的知識，是讓人造反的不二法門。

顯然，迷途知返為時已晚。經驗是最好的老師，最後它會把我們的錯誤揭示出來。只有它能夠證明，必須將我們那些可惡的教科書和可悲的考試廢除掉，應該用勤勞的教育將它替代，它能夠引導我們的年輕人回到田野和工廠，回到他們今天想要逃避的殖民地事業。

如今，所有受教育的人所需要的專業教育，就是我們祖輩所理解的教育。在今天，憑自己意志的力量、開拓能力和創業精神將世界統治的民族中，這種教育依然長盛不衰。偉大的思想家泰納先生，在一系列著名篇章進行詳細的說明——下面我將引用其中一些重要段落，我們過去的教育制度和今天英國和美國的制度很是相似。他對比拉丁民族和盎格魯-撒克遜民族的制度，這兩種方式的後果也都明確指出了。

也許人們在無可奈何的情況下會認為，我們古典教育中的全部弊端也都被繼續接受，儘管它培養出來的只是憤憤不平和無法適應自己生活狀況的人，但是向人灌輸大量膚淺的知識，準確地背誦大量教科書，對提高智力水準還是很有幫助的。但是它真能把這種水準提高嗎？不可能！生活中取得成功的條件是經驗，是判斷力，是開拓精神和個性，書本卻不能帶來這些素質。教科書和字典是必不可少的參考工具，但把它們長久地放在腦子裡卻沒有任何好處的。

怎樣才能讓專業教育將智力提高，使它能夠超過古典教育的水準呢？泰納先生有過很出色的說明。他說：

> 觀念想要形成就只有在自然而正常的環境中。要促進觀念的培養，年輕人就需要每天從工廠、礦山、法庭、書房、建築工地和醫院獲得大量的感官印象；他得親眼目睹各種工具、材料和操作；他得和顧客、工作者和勞動者在一起，不管他們做得好與壞，也不管他們是賺是賠。使用這種方式，他們才能對那些從眼睛、耳朵、雙手甚至味覺中得到的各種細節，有些不值一提的理解。學習者在潛移默化中獲得了這些細節，細細地推敲，在心中逐漸成形，並且或遲或早會產生出一些提示，讓他們開始新的組合、簡化、

創意、改進或發明。而年輕人正好在最能締造出成績的年紀，所有這些實貴的接觸、所有這些必不可少的學習因素卻被剝奪了，因為有七、八年的時間他一直被迫在學校裡，親身體驗一切的機會被切斷了，所以對於世間的人和事，對於控制這些人和事的各種辦法，不可能得到鮮明而準確的理解。……十人之中至少九個人在幾年裡浪費掉了他們的時間和努力，而且可以說，這是非常重要的、甚至是決定性的幾年。他們中間有一半甚至三分之二的人，或者就是為了考試——這裡我說的是那些被淘汰者。還有一半或三分之二成功地獲取了某種學歷、證書或一紙文憑——我指的是那些超負荷工作的人。在規定的一天裡，在一把椅子上坐著，前面是一個答辯團，在連續兩小時，懷著對科學家團體也就是一切人類知識的活清單的謹慎，他們要做到正確——對這種事所抱的期望實在有些誇張了。在那一天的那兩個小時裡，他們也許正確或接近正確，但不需要一個月的時間，他們就不會是這樣。他們沒辦法通過考試。他們腦子裡那些過多的、非常沉重的所學不斷流失，且沒有新東西填補。他們的精神活力衰退了，他們繼續成長的能力枯竭了，一個得到充分發展的人出現了，但是他也是個心力交瘁的人。他成家立業，落入生活的俗套，而進入這種俗套，自己就會被自己封閉在狹隘的職業中，工作也許還算本分，但也就這樣。這就是簡單的生活，收益和風險不成比例的生活。而在一七八九年以前，法國和英國或美國一樣，採用的方法是相反的，由此產生的結果並無不同，甚至更好。

此後一些著名的心理學家又向我們揭示了我們的制度與盎格魯-撒克遜人的差別。後者擁有的專業學校並沒有我們的多。他們的教育是建立在專業課程上，而不是僅僅學習課本。例如，他們的工程師是在工廠裡訓練出來的，而不是在學校。這種辦法說明，每個人都可以獲得他的智力能夠讓他達到的水準。如果他沒有讓自己得到發展的能力，他能成為工人或領班，如果天資聰穎，他能成為一個工程師。與個人前程被他十九歲或者二十歲時一次幾小時的考試的作法所決定相比，這種辦法更民主，對社會也更有幫助。

無論在醫院、礦山和工廠，還是在建築師或律師的辦公室裡，非常年輕就開始學業的學生們，循規蹈矩地度過他們的學徒期，和辦公室裡的律師祕書或工作室裡的藝術家非常相似。在投入實際工作之前，他也有機會接受一些一般性教育過程，因此已經準備好了一個框架，可以讓他們將觀察到的東西迅速儲存進去，而且他能夠利用自己在空閒時間得到的各種各樣的技能，由此慢慢和他所獲得的日常經驗保持一致。在這種制度下，實踐能力得以發展，並且與學生的才能相適應，發展方向也和他未來的任務和特定工作的要求相符合，這些工作就是他今後要從事的工作。所以在英國或美國，年輕人很快便處在能夠盡量發揮自己能力的位置上。在二十五歲時，但是如果各種材料和資源都比較充足的情況下，時間可能會更早些——他不但會是一個有用的工作者，更會具備自我創業的能力；他不僅僅是機器上的一個零件，而且是個發動機。而和制度相反的法國，一代代的人更多地朝中國看齊——因此造成巨大的人力浪費。

關於我們拉丁民族的教育制度與實踐生活的差距不斷擴大，這位偉大的哲學家得出了這樣的結論：

在兒童期、少年期和青年期這教育的三個階段，如果從考試、學歷、證書和文憑的角度去看，坐在學校板凳上學習理論和教科書的時間太長了，而且壓力過重。即使僅從這個角度看，採用的辦法也非常糟糕，這種制度是違反自然的，是與社會對立的。將實際的學徒期過多地延長，我們的學校寄宿制度，人為的訓練和機械灌輸教學，功課太多，不為以後的時代考慮，不為成人的年齡和人們的職業考慮，不為年輕人很快就要投身其中的現實世界考慮，不為我們活動於其中、他必須加以適應或提前學會適應的社會考慮，不為人類為保護自己而必須從事的鬥爭、不為了站住腳跟他得提前得到裝備、武器和訓練並且意志堅強考慮。這種必不可少的裝備，這種極其重要的學習，這種豐富的常識和意志力，我們沒有學校把這些教給法國的年輕人。它不但讓他們沒有獲得應對明確生存狀態的素質，反而把他這種素質破壞了。所以從他走進這個世界，踏入他的活動領域那天起，他會多次遇到很多痛苦的挫折，這帶給他的創痛久久不能痊癒，有時甚至對自己的生活能力喪失信心。這種試驗不但困難而且危險。這個過程對精神和道德的均衡都帶來了不良影響，甚至有難以恢復之虞。十分突然而徹底的幻滅已經發生了。這種欺騙太嚴重了，失望太強烈了。[20]

以上所言偏離了群體心理學的主題了嗎？我相信沒有偏離。如果我們想知道今天正在群眾中醞釀、明天就會出現的各種想法和信念，就必須先瞭解為其提供土壤的因素。教育能夠讓一個國家的年輕人知道這個國家以後的樣子會是什麼。為當前這一代人提供

20 見泰納《現代政體》（*Le Regime Moderne*），第2卷，1894。這些是泰納最後寫下的文字。它們令人肅然起敬，它們展現了一個偉大哲學家豐富的人生經驗。遺憾的是，在我看來，我們那些並沒有生活在國外的大學教授，對它們完全難以理解。教育是我們從一定程度上影響國民心智的唯一手段。但是，幾乎沒有哪個法國人能夠認識到，我們目前的教育制度是造成衰敗的一個重要原因，它非但沒有提升年輕人，反而讓他們變得墮落和沉淪，這一點真讓人痛心。可以將其與保羅·布林熱在《海外》（*Outre-Mer*）這本傑作中對美國教育的觀察做一對比。他也指出法國教育制度只能培養出頭腦狹隘、缺乏創新精神和意志力的資產階級或無政府主義者，他們「是兩種同樣有害的文明人，只能陷入到無關痛癢的老生常談或野蠻的破壞」，然後他對法國退化得像舊工廠一樣的公立學校和美國那種能讓人看到活力的出色學校做了一番對比，我認為這些真的值得深刻反思。真正的民主國家與嘴上自稱為民主但思想禁錮的國家之間是有天壤之別的，通過比較就會高下立判。

的教育，有理由讓人心灰意冷。對於群眾頭腦的改善或惡化方面，教育能發揮一部分作用。所以有必要說明，這種頭腦是怎麼被當前的制度培養出來的，固執而中立的群眾是怎樣變成了一支憤憤不平的大軍，打算隨時聽從一切烏托邦分子和能說會道者的暗示。今天，教室能夠找到社會主義者的地方，也正是教室，為拉丁民族埋下了走向衰敗的種子。

2. 群體意見的直接因素

提要：（1）形象、詞語和套話。詞語和套話的神奇力量／詞語的力量與它所喚起的形象有關，但獨立於它的真正涵義／這些形象因時代和種族而各不相同／常用詞語涵義多變的實例／給舊事物改名稱的政治效用／種族差別造成的詞義變化／「民主」一詞在歐洲和美國的涵義。（2）幻覺。它的重要性／在所有文明的起源中都能發現幻覺／群體喜歡的不是真理而是幻覺。（3）經驗。只有經驗能夠讓必要的真理在群眾心中生根／經驗只有一直重複才能生效／為說服群眾必須付出的經驗代價。（4）理性。它對群體幾乎沒有作用／群體只被無意識感情所影響／邏輯在歷史中的作用／發生難以理解的事情的祕密。

前面我們對賦予群體心理以特定屬性進行了討論，使某些感情和觀念得以發展的間接性準備因素。現在我們還得對能夠直接發揮作用的因素進行討論。在下面這一章裡我們會看到，要想充分發揮這些因素的作用，應當怎麼運用它們。

這本書的第一部分我們對集體的感情、觀念和推理方式進行了研究，根據這些知識，顯然可以從影響他們心理的方法中，找出一些一般性原理。我們已經知道能夠刺激群體的想像力的是什麼，也對那些以形象的方式表現出來的暗示的力量和影響過程有了瞭解。然而，正像暗示的來源可以完全不同一樣，對群體心理產生影響的因素也很是不同，所以必須分別對它們進行研究。這種研究是很有必要的。群體和古代神話中的斯芬克司[21]很像，必須對它的心理學問題給出一個答案，不然它就會把我們毀掉。

（1）形象、詞語和話術

我們在對群體的想像力進行研究時已經看到，它很容易被形象產生的印象所影響。這些形象不一定一直都有，但是可以利用一些詞語或話術，把它們巧妙地啟動。對它們進行藝術化處理之後，毋庸置疑，它們有著神奇的力量，能夠把群體心中最可怕的風暴

21 古埃及和希臘神話中的獅身人面像，對過路者出一道謎語（一物出生有四足，長大之後是兩足，最後變老是三足，此為何物？），答不出來者會將其吃掉。

掀起來，反之，它們也能將風暴平息。因為各種詞語和話術的力量而喪失性命的人，只用他們的屍骨，能建造起比古老的齊奧普斯[22]還要高的金字塔。

詞語的威力與它們所喚醒的形象密切相關，同時又獨立於它們的真實涵義。最模糊的詞語，有時影響反而是最大。例如像民主、平等、自由、社會主義等等，它們的涵義很不明確，哪怕一大堆著作也不能說明它們所指的是什麼。但是這簡簡單單幾個詞語擁有的神奇的威力，似乎是解決一切問題的錦囊妙計。各種極不相同的潛意識中的抱負及其實現的希望，全都集中到它們身上。

說理與論證都無法戰勝一些詞語和話術。它們是和群體同時閃亮登場的。只要一聽到它們，人人都會頓生敬意，俯首貼耳。許多人認為它們是自然的力量，甚至說是超自然的力量。它們把人們心中宏偉壯麗的幻象喚醒了，也正是它們的不精準，讓它們徒增了神祕的力量。它們是藏在聖壇背後的神靈，信眾只能膽戰心驚地來到它們面前。

詞語喚起的形象和它們的涵義是獨立存在的。這些形象因時代而不同，也因民族而不同。不過話術沒有改變，有些暫時的形象是和一定的詞語緊密聯繫的：詞語就像是把它們喚醒的電鈴按鈕。

並不是所有的詞語和話術都有喚起形象的力量，在一段時間裡，有些詞語有這種力量，但在使用過程中也可能失去它，不會再讓頭腦有任何反應。這時它們就只是空話，讓使用者免去思考的義務就是它的作用。用我們年輕時學到的一些話術和常識武裝自己，我們就能應付生活所需要的一切，再也不需要思考任何事情。

只要對某種特定的語言進行研究，就會發現在時代變遷中它所包含的詞語變得很慢，而這些詞語能喚起的形象，或人們給它們賦予的涵義，也一直有著不同。所以在另一本書中我得出結論，準確地翻譯一種語言，特別是那些死亡的語言，是做不到的。當我們用一句法語來將一句拉丁語、希臘語或《聖經》裡的句子取代時，或者當我們試圖去理解一本二、三百年前用我們自己的語言寫成的書時，實際上我們做的是什麼呢？我們僅僅是在用現代生活賦予我們的一些形象和觀念把另一些不同的形象和觀念代替了，它們是存在於古代一些種族的頭腦中的產物，這些人的生活狀況與我們沒有任何相似之處。當大革命時的人以為自己在模仿古希臘和古羅馬人時，他們除了賦予那些古代的詞語以從來沒有存在過的涵義之外，別的什麼都做不了。

希臘人的制度和今天用同樣的詞語設計出來的制度相似之處在哪裡？那時的共和國從本質上來說是一種貴族統治的由一小隊人團結一致的暴君統治著一群絕對服從的奴隸構成的制度。這些依賴奴隸制建立起來的貴族集體統治，奴隸制不存在它也不可能存

22 齊奧普斯（Cheops），埃及法老，曾修建金字塔。

在。

「自由」同樣這樣。在一個不曾想過思想自由的可能性，討論城邦的諸神、法典和習俗就是最嚴重最不尋常的犯罪的地方，「自由」的涵義和我們今天賦予它的涵義相似之處有哪些？像「祖國」這樣的詞，對於雅典人或斯巴達人來說，除了指雅典或斯巴達的城邦崇拜之外，還有別的涵義嗎？它肯定不會指由彼此戰爭不斷的敵對城邦組成的全希臘。在古代高盧，「祖國」這個詞的涵義又是什麼呢？它是由相互敵視的部落和種族組成的，它們的語言和宗教不同，凱撒能夠把他們很輕易地征服，原因就是他總是能夠從中找到自己的盟友。羅馬人創造了一個高盧人的國家，原因是他們使這個國家在政治和宗教上形成了統一。不必說這麼遠，就拿兩百年前的事說說，難道能認為現在法國各省對「祖國」一詞的理解，與偉大的孔代[23]是一樣的嗎？他和外國人結盟來對抗自己的君主。然而詞是沒有變的。過去跑到外國去的法國保皇黨人，他們認為自己反對法國是在守住氣節，他們認為法國已經改變，因為封建制度的法律是把諸侯和君主聯繫在一起的，而不是和土地，因此君主在才有祖國在。可見，祖國之於他們的意義，與現代人比難道不是不相同的嗎？

辭彙的意義隨著時代的變遷而發生深刻的變化，這種情況非常多。我們對它們的理解，能達到也就是過去經過了漫長的努力所能達到的水準。有人曾對考究辭彙說過這樣的話，哪怕想對「國王」和「王室」這種稱呼做到正確理解，對我們的曾祖父一輩意味著什麼，必須做大量的研究。會有什麼更為複雜的概念會出現也就不知道了。

由此可見，詞語只有變動不定的暫時涵義，它隨著時代和民族的改變而改變。所以，我們如果想憑藉它們去影響群體，我們必須把某個時候群體賦予它們的涵義搞清楚，而不是知道它們過去的涵義，或精神狀態有所不同的個人賦予它們的涵義。

所以，當因為政治動盪或信仰變化群體非常厭惡某些詞語喚起的形象時，假如事物因為和傳統結構緊密聯繫而不能改變，那麼一個真正的政治家的首要任務，就是在不傷害事物本身的基礎上快速把說法換掉。明智的托克維爾很早就說過，執政的政府和帝國的具體工作就是用新的名稱替代很多過去的制度，也就是說，用新名稱把那些能夠讓群眾想起不利形象的名稱的替代，原因是它們的新鮮能預防這種聯想。「地租」被「土地稅」取代，「鹽賦」被「鹽稅」取代，「徭役」被「間接攤派」取代，商號和行會的稅款被執照費取代，如此等等。

可見，政治家最基本的任務之一，就是對流行用語，或至少對沒有人感興趣、民眾已經無法容忍它的舊名稱的事物保持警覺。名稱的威力非常巨大，如果選擇得好，它能

23 孔代（The Great Conde，1621——1686），孔代氏是法國波旁王室的主要支系。此處所指的是曾發動叛亂的一支，失敗後逃往西班牙。

讓最可惡的事情面目一新，能被民眾接受。泰納公正地指出，雅各賓黨人正是利用了「自由」和「博愛」這種當時非常流行的說法，才能夠「建立起可以和達荷美媲美的暴政，建立起和宗教法庭相似的審判台，做出和古墨西哥人沒什麼區別的人類大屠殺這種『成就』」。統治者的藝術和律師的藝術一樣，最開始的是掌握駕馭辭藻的學問。這門藝術最大的困難之一就是，同一個詞在同一個社會的不同的社會階層具有的含義是不同的，他們看起來表面上用詞相同，其實說著不同的語言。

在上面的事例中，促成詞語涵義發生變化的主要因素就是時間。如果我們把種族因素再考慮在內，我們就會看到，在同一個時期，在相同教養但不同種族的人中間，相同的詞也常常和非常相同的觀念相對應。知識不淵博的人不可能理解這些差別，所以我不會糾纏在這個問題上。我只想說明，群眾使用最多的那些詞，可能在不同的民族中有著全部相同的涵義。例如今天使用頻繁的「民主」和「社會主義」，就是這樣。

實際上，在拉丁民族和盎格魯-撒克遜民族中他們代表的思想是非常對立的。在拉丁民族看來，「民主」更多的是指個人意志和自主權要屈服於國家所代表的社會的意志和自主權。國家日復一日地支配著一切，集權、壟斷並製造一切。無論是激進派、社會主義者還是保皇派，一切黨派全部都要向國家求助。而在盎格魯-撒克遜地區，特別是在美國，「民主」指的是個人意志的有力發展，國家要徹底服從這一發展，除了政策、軍隊和外交關係外，它沒辦法支配任何事情，包括公共教育。由此可見，同一個詞，在一個民族指的是個人意志和自主權的從屬性以及國家的優勢，而在另一個民族指的是個人意志的有力發展和國家的徹底服從。

（2）幻覺

自從出現文明以來，群體就一直被幻覺所影響。他們為製造幻覺的人建廟塑像，設立祭壇，這一點其他人都沒有。無論是過去的宗教幻覺或者現在的哲學和社會幻覺，這些堅不可摧至高無上的力量，我們這個星球上一直發展的任何文明的靈魂中都能找到。為它們建立了古代巴比倫和埃及的神廟，中世紀的宗教建築；為它們發動了一個世紀以前震撼全歐洲的一場大動盪；我們的所有政治、藝術和社會學說，全都被它們強大地影響著。有時，人類消除這些幻覺是以可怕的動亂為代價，但是他似乎注定還會讓它們死灰復燃。沒有它們，他不可能從自己原始的野蠻狀態走出來；沒有它們，他似乎在很短時間內重新回到野蠻狀態。可以肯定的是，它們僅僅是些無用的幻影，但是這些我們夢想中的產物，卻使各民族有輝煌壯麗值得誇耀的藝術或偉大文明得以創造出來。

如果有人把那些博物館和圖書館毀掉，如果有人推倒教堂前石板路上那些在宗教鼓舞下建起的一切作品和藝術紀念物，人類偉大的夢想還會有什麼會留下呢？讓我們懷抱著那些希望和幻想吧，不然他們是活不下去的。這就是諸神、英雄和詩人存在的原因。科學將這一任務承擔起來長達五十年，但是在渴望理想的心靈裡，科學是有不足的，原因是它做出的承諾不能非常慷慨，因為它不能說謊。[24]

上個世紀的哲學家熱情地投身於破壞政治、宗教和社會幻想，我們的祖輩生活在這種幻想中很多個世紀。他們將這些幻想毀滅，隨之枯竭的是希望和順從的泉源。幻想被扼殺之後，他們面對著盲目而無聲無息的自然力量，而它對軟弱和慈悲心腸一概置之不理。不管哲學取得的進步有多大，到目前為止，它仍沒有提供任何能夠讓他們著迷的理想給予群眾。但是不管群眾付出的代價有多大，他們都要擁有自己的幻想，於是他們就和趨光的昆蟲一樣，本能地轉向那些迎合他們需要的花言巧語的人。推動各民族演化的主要因素，是謬論，而非真理。如今社會主義之所以這麼強大，就是因為它最後的幻想沒有被扼殺。儘管一切科學證據都存在著，它依然繼續發展。它的主要力量是因為它的鼓吹者是那些非常輕視現實，又勇於向人類承諾幸福的人。如今，社會主義的這種幻想橫行在過去大量的廢墟之上，未來是屬於它的。群眾對於真理從來就沒有強烈渴望過，面對那些不喜歡的證據，他們會置之不理，假如謬論讓他們覺得很有誘惑，他們更願意崇拜謬論。凡是能供應幻覺給他們，成為他們的主人就變得很容易了；凡是讓他們幻滅的，就只能成為他們的犧牲品。25

（3）經驗

經驗幾乎是唯一能夠讓真理在群眾心中牢不可破、讓過於危險的幻想歸於破滅的有效手段。但是為了達到這個目的，經驗必須發生在非常大的範圍內，而且得以再出現。通常，這一代人的經驗對下一代人來說用處是很少的。這就是一些被當作證據引用的歷史事實但是目的沒有達到的原因。它們唯一的作用就是證明了，一種廣泛的經驗哪怕僅僅想成功地將牢固地根植於群眾頭腦中的錯誤觀點動搖了，也需要很多代人的反覆出現。

毋庸置疑，史學家會把十九世紀以及再早一些的年代看成是一個充斥著離奇經驗的時代，別的任何時代都沒有進行過如此多的試驗。

24 這個事實甚至美國的共和主義也是承認的。美國雜誌《論壇》最近鮮明地表達了這種看法。我從西元1894年12月的一期《評論之評論》上摘錄下了這段話：「絕對不應忘記，即使在對貴族制最熱心的敵人看來，英國也是世界上最民主的國家，這個國家的個人權利能夠得到最大的尊重，個人擁有最大的自由。」

25 在這個問題上，使群體形成意見的是由一些臨時起意拼湊起來的不同觀點，我在前面意見解釋過相關的機制。當時法國的國民衛隊是由一些善良的小店主組成，他們沒有組織學，根本成不了事。然而，被冠以任何名稱的軍隊都會給人以同樣的聯想，會覺得是維護公民利益的，最起碼是無害的。群眾當時的這種錯誤認識領袖們也同樣具有，因此在處理片面意見時，這種情況時有發生。奧列弗現實在近期出版的書中提到，一個經常追隨民意、沒有超前意識的政治家梯也爾先生，在西元1867年12月31日的一次內閣講話中，就宣稱普魯士除了一支和法國一樣的常備軍外，只擁有類似法國的國民衛隊，因此不必重視。

法國大革命是一場聲勢浩大的試驗。從中可以發現一個社會有待於遵照純粹理性的指導，自上而下進行一番革新，這個過程勢必會導致數百萬人丟掉性命，讓歐洲社會陷入二十年的深刻動盪。為了用經驗向我們證明，獨裁者會讓擁戴他們的民族遭受慘痛的代價，常常在五十年裡來進行兩次破壞性試驗。但是，雖然試驗結果明確無誤，好像仍然不那麼令人信服。第一次試驗三百萬人的性命和一次入侵就是代價，第二次試驗的代價是導致割讓領土並在事後表明了常備軍的必要性。以後可能還有第三次試驗的到來。說不定哪天它就會出現。要想讓整個民族相信，龐大的德國軍隊和三十年前普遍認為的是不一樣的，只是一支國民衛隊，就必須經受一次讓我們損失慘重的戰爭。讓人認識到貿易保護會把實行這種制度的民族毀掉，至少需要二十年的災難性試驗。這種例子太多太多了。

（4）理性

在對能夠對群眾心理產生影響的因素進行列舉時，理性完全沒有提到的必要，除非是為了說它的影響的消極價值。

透過論證我們已經明白，群體是不會被推理所影響的，它們只能對那些拼湊起來的觀念給予理解。所以，那些知道如何影響它們的演說家，藉助的不是它們的理性，而是它們的感情。邏輯定律對群體沒什麼作用。[26]讓群體相信什麼，第一就要弄清楚讓它們興奮的感情是什麼，並且偽裝成自己也有這種感情，然後以很簡單原始的組合方式，用一些非常有名的暗示性概念去將它們的看法改變，如果有必要的話，這樣才能夠再回到最初提出的觀點上來，慢慢地探明引起某種說法的感情。這種根據講話的效果不斷對措辭進行改變的必要性，讓一切有效的演講完全不能事先進行準備和研究。在這種事先備好的演講中，演講者遵循的不是聽眾的思路而是自己的，就這一個事實就會導致他不會產生任何影響。

講究邏輯的頭腦，習慣於相信一系列大體嚴密的論證步驟，所以在向群眾講話時，難免會依賴這種說服的方式，面對自己不起任何作用的論證，總是疑惑不解。有位邏輯學家寫道：「通常，建立在三段論上也就是建立在一組公式上的數學結論是不能改的……由於這種性質是不可更改的，哪怕是無機物，如果它能夠演算這一組公式的話，

26 群眾影響的技巧幾乎不必藉助於邏輯規律，我對這些現象的第一次觀察是早在巴黎圍困時期。有一天，我看到一團憤怒的人把一個將軍押往政府所在地魯弗，原因是懷疑他出賣了城防圖給普魯士人。一個口才極好的政府官員出來斥責那些馬上就會被處死的囚犯。我原本以為，他在指出這種指控的荒唐事時，會說明這個軍人實際防禦者，而且這種計畫在每個書店都能買得到。可是，令當時還年輕的我意外的是，他說：「正義是鐵面無私的，誰也不例外。讓護國政府來決定你們的請求吧，其間我們將把他們進行關押看守。」憤怒的情緒在這種讓步中得到了消散，人們立刻散去。十幾分鐘後將軍便放回家了。如果講話的人用邏輯論證的話，對付他的可能就是盛怒情緒支配的人群，他必將被撕成碎片。當時少不更事，覺得這是一種令人信服的論證。

也會必須表示同意。」這話說得很對，但是群體並不比無機物更能遵守這種組合，它甚至缺乏理解能力。只要嘗試一下用推理來說服野蠻人或兒童等原始的頭腦，即能知道這種論說方式是多麼沒有價值。

如想看清楚同感情對抗的理性是多麼軟弱無能，甚至不必降低到原始的水準。我們只要想一下，就在幾百年前，與最簡單的邏輯並不相符的宗教迷信是多麼頑強！在接近兩千年的時間裡，最清醒的天才也必須在它們的規矩面前卑躬屈膝。只是到了現代，它們的真實性才遭受到一些挑戰。中世紀和文藝復興時代也有不少明智的人，但沒有一個人透過理性思考，認識到自己的迷信中非常幼稚的一面，或者對魔鬼的罪行或燒死巫師的必要性表示過一丁點的質疑。

群體從來不被理性所指引，對此，是否會很遺憾？我們不必。毫無疑問，是幻覺將激情和愚頑引起，激勵著人類朝文明之路行走，在這方面人類的理性作用很小。作為對我們的無意識有著支配的力量的產物，這些幻覺很有必要。每個種族的精神成分中都攜帶著它命運的定律，並且也許它因為一種難以抑制的衝動，只能聽從這些定律，即使這種衝動非常不合理。有時，各民族好像被一些神祕的力量所影響，它們和那種使橡果長成橡樹或讓星星在自己軌道上運行的力量很相像。

我們若想認識這些力量，就必須對一個民族的整個進化過程進行研究，而不是只是研究這一進化過程中偶爾出現的一些孤立的事實。如果只考慮這些事實，歷史就會變得彷彿是一系列不可能的偶然性所造成的結果。一個加利利的木匠[27]變成一個持續兩千年之久的全能的神，讓最重要的文明是在他的基礎上形成，這似乎是不可能的；一部分從沙漠裡冒出來的阿拉伯人，把希臘羅馬世界的大部分地區征服了並建立起比亞歷山大的領土更大的帝國，這也似乎不太可能；在歐洲已經非常發達、各地政權都已有了等級嚴密的制度的時代，一個普普通通的炮兵中尉把眾多民族及其國王都征服了，這似乎也是不太可能的。

所以，就讓我們把理性留給博學之人，不要過於強烈地堅持讓它插手對人的統治吧。所有文明的主要動力並不是理性，可以這樣說，儘管理性存在著，文明的動力仍然是尊嚴、奉獻精神、宗教信仰、愛國主義以及對榮譽的愛等各種感情。

3. 群體領袖及其說服的手法

提要：（1）群體的領袖。一切群體動物都有服從首領的本能需要／群體領袖的心理／只有他們可以讓群眾有所信仰並把他們組織起來／領袖的專制／領袖的

27 指耶穌。其父為木匠，曾居古巴勒斯坦的加利利地區。

分類/意志的作用。(2)領袖的動員手段:斷言、重複和傳染。這些手段的不同作用/相互傳染從社會下層向上層蔓延的過程/民眾的意見很快會成為普遍意見。(3)名望。名望的定義和分類/先天的名望和個人名望/不同的實例/名望受到破壞的方式。

我們現在已經對群體的精神構成有了瞭解,我們也明白了能夠對他們的頭腦產生影響的力量。這些力量是怎麼發揮作用的,以及是什麼人把它們有效地轉變成了實踐的力量,這是還需要繼續研究的。

(1)群體的領袖

不管是動物或者是人,只要有一些生物聚集在一起,都會本能地希望自己處在一個首領的統治之下。

就人類的群體而言,首領有時僅僅是個小頭目或煽動鬧事的人,但即使這樣,他的作用也是不容忽視。群體形成意見並取得一致的核心就是他的意志。他是讓形形色色的人形成組織的第一要素,他為他們組成派別掃除了障礙。一群人就像溫順的羊群,沒有領頭羊就會手足無措。

領袖最開始時僅僅是被領導者中的一員。他自己也是被一些觀念所迷惑,最後變成了它的信徒。這些觀念他十分著迷，以到除此之外的一切事情都消失了。在他眼中，一切相反的意見都是錯誤的或迷信。羅伯斯庇爾就是一個典型的例子，他對盧梭的哲學觀念神魂顛倒，在對他們傳播時竟然採用了宗教法庭的手段。

我們所說的領袖，更多的是個實幹家而不是思想家。他們並沒有頭腦敏銳深謀遠慮的天賦，他們也不可能如此，因為這種品質一般會讓人猶猶豫豫。在那些神經不正常、好興奮的、半癲狂的即處在瘋子邊緣的人中間，特別容易產生這種人物。不管他們堅持的觀念或追求的目標多麼不羈，他們的信念還是會堅定不動搖，這讓所有理性思維對他們都沒有作用。他們對別人的輕藐和保留態度漠不關心，或者這只會讓他們興奮異常。他們自己的利益和家庭以及自己的一切都可以犧牲。自我保護的本能在他們身上看不到任何蹤跡，在絕大多數情況下，他們不知疲倦的唯一回報就是以身報國。他們強烈的信仰讓他們的話裡的說服力極強。群眾更願意聽從意志堅強的人，而他也知道怎樣讓他們接受自己的看法。聚集成群的人自己的意志會完全消失，潛意識地轉向一個具備他們所沒有的品質的人。

任何民族從來都不缺領袖，但是，他們並非全都受著那種適合於使徒的強烈信念的激勵。這些領袖往往擅長說花言巧語，只是追求私利，用取悅於無恥的本能來說服群眾。他們運用的這種方式會產生很大的影響，但是能發揮的作用卻是暫時的。像隱士彼得、路德、薩伏那羅拉之流[28]有著狂熱的信仰的人，能夠打動群眾的靈魂，還有法國大革命中的人物，他們是首先在自己先被七種信條搞得胡思亂想之後，才能夠讓別人也跟著他一起想。這樣他們才能夠在自己信眾的靈魂裡把那股不可動搖的力量摧毀，也就是信仰，它能讓一個人變得完全被自己的夢想所控制。

不管信仰是宗教的、政治的或社會的，也不管信仰的對象是一本書、一個人或一種觀念，信仰的建立永遠是由人群中偉大領袖的作用所決定的。正是在這一點上，他們所擁有的影響力才是非常巨大的。人類所能支配的一切力量中，信仰的力量是最讓人驚訝的，福音書上說，它有填海移山的力量，這很正確。當一個人具有了信仰後，他就會強大十倍。很多重大的歷史事件中，都是一些沒沒無聞的信徒成就的，他們只是除了自己贊成的信仰之外，別的都不知道。紅遍全球的偉大宗教，或是從這個半球擴張到另一半球的帝國，它們能得以建立，並不是依靠博學之士或哲學家的幫助，更不是得到懷疑論者的幫助。

不過，對於上面提到的這些事情，我們關注的只是那些偉大的領袖人物，他們的數量很少，史學家很快就能把他們全部列出來。他們是一個連續體構成的頂峰，上面是些有權有勢的領導者，下面則是一些出力的人，在濃煙密布的小酒館裡，他們不停地向自己同志灌輸著三言兩語，慢慢地讓他們入迷。對於那些話的涵義，他們自己的理解也很少，但是根據他們的說法，只要將其付諸行動，所有的希望和夢想就一定會實現。

在每個社會領域，上到最高貴者下到最低賤者，人一旦脫離孤獨狀態，就會馬上處在某個領袖的影響之下。大多數人，特別是群眾中的大多數人，除了瞭解自己的行業，對任何問題都不會有清楚而合理的想法。領袖就是他們的引路人。不過，定期出版物也有可能將之取代，儘管往往效果不好，這些定期出版物能知道對群眾領袖有利的輿論，提供現成的話術給他們，使他們不必再想怎麼說。

群眾領袖擁有著非常專制的權威，這種專制性當然是他們得到服從的條件。人們常常會注意到，他們的權威不需要後面有後盾，讓工人階級中最狂暴的人聽命於自己卻也是很容易。他們可以制定工作時間和工資比例，他們可以發布罷工命令，什麼時候開始什麼時候結束，只需要他們一聲令下。

如今，由於政府樂於被人懷疑，讓自己的力量越來越弱，所有這些領袖和鼓動家正越來越向取代政府的地方靠近。這些新首領的暴政帶來的後果是，和政府相比，群眾服從他們時要溫順得多。如果因為某種變故，領袖就會消失在舞台上，群眾就會回到當初

28 隱士彼得（Peter the Hermit，1050——1115），法國修士，創建修道院，曾率眾信徒前往耶路撒冷佈道。路德（Martin Luther，1483——1546），德國宗教改革家，新教創始人，在基督教世界影響甚廣。薩伏那羅拉（Ciolamo Savonarola，1452——1498），文藝復興時期義大利著名宣教士。

群龍無首不攻自破的狀態。在一次巴黎公共馬車雇員的罷工中，兩個指揮的領袖被抓起來的那一刻，罷工馬上結束。在群體的靈魂中佔上風的，是當奴才的欲望，而不是對自由的要求。他們是非常傾向於服從，因此不管自稱是他們的首領的人是誰，他們都出於本能表示臣服。

我們可以把這些首領和煽動家分成明顯不同的兩類。一類包括那些活力四射，但只暫時擁有堅強意志的人。和他們相比，另一類人更為奇特，他們有持久的意志力。前一種人一身蠻力，在領導臨時決定的暴動、帶領群眾冒死犯難、讓新兵快速變成英雄這些事情中，他們的作用就很大。第一帝國時代的內伊和繆拉就屬於這種人，我們這個時代裡的加里波第也是這樣的人物，[29]他沒有特長，卻是個精力十足的冒險家，他只帶領一小隊人，就把古老的那不勒斯王國拿下，儘管它被一支紀律嚴明的軍隊所保護。

不過，這類領袖的活力雖是一種必須考慮在內的力量，它卻比較短暫，很難持久到讓它延續發揮作用的興奮事件之後。當這些英雄回到現實生活中時，和我剛才說到的情況一樣，他們最驚人的性格弱點就會曝露。儘管他們能夠領導別人，卻好像不能在最簡單的環境下對自己的行為進行思考和支配。有一些領袖是這樣的，在一些條件下，他們本人也被人領導並不斷地被刺激，常常會有一個人或一種觀念指引著他們，他們可以遵循明確劃定的行動路線，不然他們自己的作用就不能發揮出來。而另一類領袖，也就是那些有持久意志力的人，儘管不那麼光鮮亮麗，其影響力卻非常大。在這類人中，有很多人都是各種宗教和偉業的真正奠基人，例如聖保羅、哥倫布和德．雷賽布[30]都是。他們有的聰明，有的心胸狹隘，這都不重要——世界是屬於他們的。他們具備的持久的意志力，是一種很少見、足夠強大的品質，它可以將一切都征服。強大而持久的意志能夠成就什麼，我們做不到對它給予充分的評價。沒有任何事情能將它阻擋住，不管自然、上帝還是人，都不能。

強大而持久的意志能夠造成的後果是什麼，德．雷賽布為我們提供了一個很近的例子。他是一個把世界分成兩半的人，他所成就的事業，過去三千年裡曾有最偉大的統治者做過嘗試，可是最後證明是徒勞。他後來在一項類似的事業上失敗了，但那是因為他年紀太大的緣故，就是連意志在內的一切事情，都會屈服於衰老。

如想說明只藉助意志的力量能夠完成什麼事業，只需好好想一下與開鑿蘇彝士運河時必須克服的困難有關的歷史記載就好。一位見證人用令人印象深刻的簡單的文字，把

29 內伊（Joachim Murat）拿破崙手下名將之一。加里波第（Giuseppe Garilbaldi，1807——1882），義大利民族主義運動的傑出領袖，游擊戰專家，對義大利的統一做出過重大貢獻。

30 聖保羅（Saint Paul the Apostle），活動於西元1世紀，生卒不可考。耶穌教偉大的傳播者，《新約全書》對其有大量記載。德．雷賽布（Ferdinand de Lesseps，1805——1894），法國外交家，蘇彝士運河開鑿的組織者，成功籌畫了巴拿馬地峽的打通計畫，但未開通。

這項偉大工程的作者所講述的整個故事記錄了下來：

日復一日，不管遇到何種事情，他都在描述那個和運河有關的驚人故事。他講述他戰勝的所有、他怎麼把不可能變為可能、他遇到的所有的反對意見、與他作對的所有聯盟，他經歷的一切失望、逆境和失敗，都沒能讓他心灰意冷。他回憶英國是怎麼打擊他、法國和埃及怎麼優柔寡斷、工程初期法國領事館怎麼帶頭對抗他，以及他所遇到的反對的性質有哪些，有人曾經使用拒絕供應飲水的方式，逼著他的工人因口渴而逃跑。他還談到，海軍部長和工程師，一切經驗豐富、接受過科學訓練並且責任心極強的人，全無意識地變成了他的敵人，他們全都站在科學立場上，斷言災難馬上就出現，預言它正要來臨，並且把它會發生在某日某時都計算出來，和預測日食類似。

和所有這些偉大領袖生平有關的書，不會有太多的人名，但是這些名字卻同文明史上最重大的事件緊密相連。

（2）領袖的動員手段：斷言、重複和傳染

如果想在很短的時間裡將群體的熱情激發出來，讓他們採取譬如掠奪宮殿、誓死守衛要塞或陣地等任何行動，就必須讓群體對暗示很快做出反應，其中榜樣的效果最好。

不過想要達到這個目的，群體應當在事前就有做一些環境上的準備，特別是希望影響他們的人應具備的品質有什麼，對於這種需要深入研究的品質，我把它稱為名望。

但是，當領袖們打算用現代的各種社會學科等觀念和信念來對群體的頭腦產生影響時，他們所藉助的手段也不同。其中斷言法、重複法、傳染法三種手段最為重要。它們產生作用有些緩慢，但是一旦生效，效果卻是會很持久。

做出簡潔有力的斷言，任何推理和證據都置之不理，是讓某種觀念進入群眾頭腦最可靠的辦法之一。一個斷言越是簡明扼要，證據和證明看上去越貧乏，它的威力也就越大。一切時代的宗教書和各種法典，總是訴諸簡單的斷言。為了捍衛某項政治事業將人們號召起來的政客，推銷產品就利用廣告的商人，全都明白斷言的價值。

但是，如果沒有不斷地重複斷言，它就不會產生真正的影響。我相信拿破崙曾經說過，重複是最為重要的修辭法。得到斷言的事情，是藉助不斷重複讓它在頭腦中生根，並且這種方式最終能夠讓人把它看成是得到證實的真理最終接受它。

想要理解它對群體的影響，只要看一看重複對最開明的頭腦所發揮的力量就知道了。這種力量是來自這樣一個事實，即從長遠看，一直重複的說法會走進我們無意識的自我的深層區域，而我們的行為動機就是形成在這裡的。到了一定的時候，我們不會記得那個不斷被重複的主張的人是誰，我們最終會對它深信不疑。廣告能有令人吃驚的威力，這就是原因。如果我們無數次讀到，X牌的巧克力是最棒的，我們就會以為自己聽到各個方向都這樣說，最終我們會相信這就是事實。如果我們無數次讀到，Y牌藥粉把好多身患頑疾的最知名的人士都治好了，一旦我們患上了類似的疾病，終究還是會去試用一下。如果我們總是在同一家報紙上看到說張三是個惡貫滿盈的流氓，李四是最實在的老實人，我們最後也會認為這就是事實，除非我們再去看別家觀點——將他們的品質完全顛倒過來的報紙。分開使用斷言和重複，它們都具備強大無比的力量。

如果一個斷言一直進行有效的重複，在這種重複中也就沒有異議，這和在一些著名的金融項目中，富豪足以將所有參與者都收買一樣，這時候所謂的流行意見就會形成，強大的傳染過程也就得以啟動。所有觀念、感情、情緒和信念，在群眾中都具有和病菌一樣強大的傳染力。這種現象很自然，因為甚至在聚集成群的動物中，這種現象都可以看到。馬廄裡有一匹馬踢了一下它的飼養員，另一匹馬也會這麼做；幾隻羊狀態很不好，這會很快蔓延到整個羊群。在聚集成群的人中間，所有情緒也會很快蔓延，這解釋了恐慌的突發性。像瘋了一樣頭腦混亂，它本身也是很容易傳染的。在自己是瘋病專家的醫生中間，偶爾有人會成為瘋子，這已是眾所周知的事情。當然，最近有人說到很多瘋病，例如廣場恐懼症，也能是人傳染給動物。

許多人同時處在同一地方，並不是他們受到傳染必不可少的條件。有些事件能讓所有的頭腦有一種獨特的傾向以及一種群體所特有的性格產生，在這種事件的影響下，哪怕距離遙遠這種傳染的力量也能感受到。當人們在心理上已經有所準備，被上面我說的一些間接因素所影響時，情況更會這樣。一八四八年的革命運動就是這樣的例子，它在巴黎爆發後，便迅速傳遍大半個歐洲，導致一些王權風雨飄搖。

很多影響都是因為模仿，其實這也是傳染帶來的結果。我在另一本著作中已經說明了它的影響，所以這裡我只想引用一段十五年前對這一問題說過的話。下面引述的觀點已有別的一些作者在最近的出版物中有了進一步的闡發。

人和動物一樣天性中有模仿。模仿對他來說是必不可少的，因為透過模仿會讓一件事情變容易。正是因為這種必然性，才使所謂時尚的力量非常強大。不管是意見、觀念、文學作品甚至服裝，有足夠的勇氣與時尚作對的有幾人？支配著大眾的不是論證，是榜樣。每個時期都有少數個人和其他人作對並被無意識的群眾所模仿，但是這些有個性的人不能過於堂而皇之地反對公認的觀念。如果他們這樣做，會使模仿他們變得非常困難，他們的影響也就很難實現。正是因為這個原因，過於超前於自己時代的人，一般不會對它產生影響。原因是兩者的界限過於分明。也是因為這個原因，儘管歐洲人的文明優點很多，他們對東方民族產生的影響卻是微乎其微，因為兩者之間的差別大相徑庭了。

從長遠來看，歷史和模仿的雙重作用，會讓同一個國家、同一個時代的很多方面都非常相像，哪怕是如哲學家、博學之人和文人這樣很難受到這種雙重影響的人，你依舊能從他們的言行舉止、思想和人格等方面感受出相像的氣息，也能從中辨認出各自所屬的時代。[31]

傳染的威力很大，它不但能讓個人接受某些意見，甚至能讓他接受一些感情模式。傳染也會讓某個著作在某個時期被蔑視，可以用《唐豪塞》[32]舉例，就在幾年後，因為同樣的原因，以前對其作品進行批判的人又再次使之大放異彩。

群體意見和群體信念更容易受到傳染，但是不會因為推理而得到普及。目前在工人階級中比較流行的學說，也是從公共場所學到的，這是重複、斷言和傳染所帶來的。當然，每個時代對群眾信仰創立的方式，也都大相徑庭。勒南[33]就客觀地看待基督教的創立者，把他稱之為「從一個公共場合到另一個公共場合傳播觀念的社會主義工人」；伏爾泰評價基督教時也注意到，「在一百多年裡，只有一些最惡劣的敗類才會接受它」。

我們可以看到，和我上面所說的情況類似，傳染在對社會下層產生作用之後，也會影響到社會的上層。今天我們不難發現，社會主義信條同樣出現了這種情況，它開始被人所接受，而接受者卻是會成為它的首批犧牲者。傳染的影響非常大，大到在它的作用下我們甚至將最在意的個人利益的意識拋之腦後。

由此解釋了一個事實：被民眾所接受的一切觀念，最後總是會憑藉它強大的力量在社會的最上層根深柢固，不管最後取得勝利的意見的荒謬性是多麼顯而易見。社會下層反作用於社會上層是個更為奇特的現象，因為群眾的信念或多或少總是起源於一種更高深的觀念，而它在自己的誕生地常常不會有什麼影響。這種更高深的觀念把領袖和鼓動家征服以後，就會把它據為己有，對它進行曲解和更改，組織起使它再次受到歪曲的宗派，然後在群眾中將這種觀念傳播起來，而他們會讓這個篡改過程更高明。觀念變成普通民眾的真理，它就會再次返回到自己的發源地，對一個民族的上層產生作用。從長遠看是智力在對世界的命運進行塑造，但這種作用非常間接。當哲學家的思想透過我所描述的這個過程最終取得勝利時，提出觀念的哲人們早已煙消雲散。

（3）名望

利用斷言、重複和傳染進行普及的觀念，因環境而獲得了巨大的影響力，這時它們

---

31 勒龐《人及其社會》（*L'Homme et les Societes*，1881），第2卷。

32 唐豪塞（Tannhauser）是13世紀德國詩人。此處所指應為《唐豪塞》歌劇，西元1845年上演。

33 勒南（Ernest Renan，1823——1892），19世紀法國傑出思想家，對哲學、宗教和史學有深入研究。著有《耶穌傳》、《道德和批判文集》、《法國的君主立憲制》等作品。

就會具有一種神奇的力量，也就是名望。

不管世界是被什麼樣的力量統治，無論是觀念還是人，它的權力能夠加強，就是因為利用了一種名叫「名望」的無法抗拒的力量。每個人都知道這個詞的涵義是什麼，但是其用法卻很是不同，所以不容易給它定義。名望所涉及的感情，既可以是欣賞讚歎的，也可能是恐懼害怕的。有時這些感情是它的基礎，但是沒有這個基礎它也是能夠存在。死人擁有最大的名望，即那些我們不再懼怕的人，如凱撒、亞歷山大、佛祖和穆罕默德。此外還有一些我們並不喜歡和喜歡的虛構的存在——印度地下神廟中那些可怕的神靈，但是它們因為擁有名望而讓我們恐懼。

在現實中，名望是某個人、某本著作或某種觀念對我們頭腦的支配力。這種支配會將我們的批判能力完全麻痺，讓我們心中只有驚奇和敬畏。這種感覺和所有感情一樣難以理解，不過它和魅力人物所引起的幻覺沒有什麼不同。名望是一切權力的主因，不管神仙、國王還是美女，都不能沒有它。

所有的名望總括起來可以分先天的名望和個人名望兩大類。先天的名望多是稱號、財富和名譽。它可以獨立於個人的名望之外。相反，個人名望基本上是一個人專屬的，它可以和名譽、榮耀、財富相互依存，或使之得到加強，即使沒有這些東西，它也完全能夠存在。

先天的或人為的名望比較多。一個人佔據著某種位置、擁有一定的財富或頭銜，不管他本人多沒有價值，僅僅是因為這，就能讓他擁有名望。穿著戎裝的士兵、身著法袍的法官，總會令人心生敬意。巴斯卡[34]十分正確地指出，法袍和假髮是法官必須的行頭。沒了這些東西，會損失他們一半的權威。即使是最傲慢不羈的社會主義者，王公爵爺的形象多多少少也會讓他有所觸動。擁有這種頭銜會連剝奪人生命都易如反掌。[35]

上面說到的這種名望，是經由人來展現的，在這些名望之外，還有一些名望則是在各種意見、文學和藝術作品等事物中展現出來的。後者的名望往往只是日復一日重複的結果。歷史，特別是文學和藝術的歷史，不過就是在對一些判斷進行不斷地重複。誰也不想對這些判斷證實一下，每個人最後選擇的只是把他從學校裡學到的東西重複一下，直到出現一些再沒人敢說東道西的稱號和事物。對於一個現代讀者來說，研讀荷馬是件很讓人討厭的事，然而誰敢這麼說出來？按照現存的遺蹟，帕德嫩神廟[36]不過是一堆非

34 巴斯卡（Blaise Pascal，1623——1662），法國思想家，在數學、物理、神學和文學領域都有重要貢獻。

35 每個國家都有各種頭銜、勳章和軍銜，這些對大眾造成一定的影響，甚至個人獨立意識最發達的國家也不例外。「如果他的財產能夠讓他保持自己的身分，他事先就可以說他們會擁護他；只要能與他交往，他們會死心塌地地把自己的一切都交到他手裡。看得出來，當他露面時，他們高興得臉泛紅光；如果他向他們說話，無法抑制的愉快會讓他們紅光滿面，眼睛裡有著不同尋常的光芒閃爍著。這麼說吧，他們的血液裡就流淌著對貴族的崇敬，這和西班牙人喜愛舞蹈、德國人喜愛音樂、法國人熱愛革命一樣。對駿馬和莎士比亞，他們的熱情並不強烈，這些東西帶給他們的滿足和驕傲也不能說是他們生活不可或缺的一部分。講述貴族的書銷路非常好，很多地方都能看到它們，和人手一冊的《聖經》差不多。」

36 帕德嫩神廟（The Parthenon），雅典衛城中的主要建築之一，17世紀毀於戰火。

常沒有意思的破敗廢墟，但在它的巨大名望下，它卻是與所有的歷史記憶聯繫在一起。不讓我們看到事物的本來面目，讓我們的判斷力徹底麻木，這就是名望的特點。群眾和個人是一樣的，需要的是對一切事情有現成的意見。這些意見的普遍性和它們的對與錯沒有關係，它們只是被名望限制了而已。

現在我來談談個人的名望。它的性質和我剛才提到的那些人為的或先天的名望是完全不同的。這是一種和所有頭銜和權力都沒有關係的品質，具備它的人只有極少，它能使他們對自己周圍的人施以真正神奇的幻術，哪怕這些人與他們的社會地位是相等的，而且他們也沒有任何平常的統治手段。他們強迫周圍的人把他們的思想與感情接受了，眾人服從他毫不費力，和動物服從馴獸師沒什麼區別。

如佛祖、耶穌、穆罕默德、聖女貞德和拿破崙等這樣偉大的群眾領袖，都享有這種很高的名望，他們所取得的地位也和這種名望密切相關。各路神仙、英雄豪傑和各種教義，能夠在這個世界上很是流行，原因就是他（它）們都各有其深入人心的力量。當然，是不能對他（它）們進行探討的，因為只要一探討，他（它）們就灰飛煙滅。

上面提到的人在成名之前，早就具備一種神奇的力量，想要成名必須藉助這種力量。例如，拿破崙能達到榮耀頂峰，就是因為他的權力這一事實，就讓他擁有巨大的名望，但是在他不具備這種權力，仍然是沒沒無聞時，他就已經部分擁有了這種名望。

當他還是個沒有名氣的將軍時，還好那些有權勢者要保護自己，派他去指揮義大利的軍隊。他發現自己置身在一群怒火中燒的將軍中間，他們只想給這個總督派來的年輕外來戶看看他們的厲害。從一開始，第一次會面，他沒有依靠任何語言、姿態或威脅，他們一看到這個就要聞名天下的人，就屈服了。泰納利用當時的回憶錄，對這次會面做了感同身受的說明：

師部中有一個將軍叫奧熱羅，是個勇武健朗的武夫，有著引以為豪的高大身材。他來到軍營，對巴黎派給他們的那個暴發戶滿腔怒火。對於他們得到的和此人的強大有關的描述，奧熱羅打算粗暴地不理不睬：一個巴拉斯的寵兒，一個因旺代事件而獲得將軍頭銜的人，他在學校裡就是以街頭逞勇成名，相貌不佳，自命名為數學家和夢想家。把他們帶了過來，波拿巴命令他們在外邊等著。他佩戴著自己的劍最終出現在他們面前。他戴上帽子，對他所採取的措施進行了說明，下達命令，然後讓他們離開。奧熱羅始終是不言不語。直到出門後他的自信才回來，他才讓自己能夠和平常那樣信口謾罵。馬塞納的看法他也同意，這個魔鬼將軍個子雖小卻讓他很是敬畏，他一下子不能理解那把他立刻壓倒的氣勢。[37]

37 巴拉斯（Paul-F.-J.Barras，1755——1829），法國大革命時期政治家，深受拿破崙賞識。馬塞納（Andre Massena），拿破崙手下名將之一。

拿破崙變成大人物後，他的名望和榮耀開始同向增長，在他的追隨者眼裡，他的名望可與神靈比肩。旺達姆將軍，一個壯漢、大革命時代的典型軍人，一個比奧熱羅還要粗野的人。一八一五年，他和阿納諾元帥一起登上杜伊勒利宮的樓梯時，對元帥談到了拿破崙：「那個魔鬼般的人物對我施用了幻術，我自己也不清楚他怎麼這麼厲害，一看到他，我就像個小孩子一樣不住地顫抖。他簡直能夠讓我鑽進針眼，投身火海。」

只要拿破崙接觸過的人，他都會對他們產生這種神奇的影響。[38]在談到馬雷和他本人的奉獻精神時，達武說：「如果皇帝對我們說，『毀滅巴黎，不讓一個人活著或跑掉，這對於我的政策非常重要』，我相信馬雷是會為他保密的，不過他還沒有頑固到不讓自己的家人離開這座城市。而我會因為害怕洩漏真情，就將我的妻兒留在家裡。」[39]

只有將這種命令讓人神魂顛倒的驚人力量記住，才能夠理解他從厄爾巴島返回法國的壯舉——他獨自一人，面對一個對他的暴政一定非常厭惡的大國，卻能閃電般將整個法國征服。那些被派來阻擋他、曾發誓自己的使命一定會完成的將軍們，他只需看他們一眼，他們就會毫不猶豫地屈服了。

英國將軍吳士禮寫道：「拿破崙，一個來自他的厄爾巴島王國的逃犯，幾乎是自己一人在法國登陸，幾週之內便徹底推翻了合法國王統治下的法國權力組織。想證明一個人的權勢，應該沒有比這更驚人的方式了。在他的這場最後戰役中，從開始到最後，他對同盟國又施加了異常驚人的權勢！他牽著他們的鼻子走，他差一點就打敗了他們！」

他的名望比他的壽命要長，而且有增無減。他的名望讓他的一個沒沒無名的侄子當上了皇帝。直到今天他的傳奇故事仍然鳴響不斷，可見對他的懷念是多麼強烈。肆意妄為地迫害人，為了一次次的征伐，就讓數百萬人丟掉性命——當你是有足夠的名望和能付諸實踐的天才，人們就會贊同你這樣做。

不錯，我所談的都是名望的一些很鮮明的例子。但是對那些偉大的宗教、偉大的學說和偉大的帝國的起源進行瞭解，說說這些事例是有好處的。缺少這種名望對群眾的影

38 拿破崙對自己的名望有了一個好的意識，他明白，他如果將自己周圍的人看得比馬夫還低，他的名望反而會更高。這些人中就連國民議會裡的一些令歐洲人心驚肉跳的顯赫人物也都包括。當時的許多言論都可證明這一事實。在一次國務會議上，拿破崙就曾粗暴地羞辱過伯格諾，他像對待一個男僕一樣對他無禮。產生效果後，他走到這人面前說：「喂，傻瓜，你的腦子找到了嗎？」伯格諾，一個和鼓手一樣高大的人，謙卑地躬著腰。那個個子很小的人伸手把大個子的耳朵揪住，將他提了起來。「這是令人難忘的寵信的表示」，伯格諾寫道，「主人發怒時這是非常容易見到的舉動」。經由這些事例我們可以清楚地認識到，名望能夠產生多麼無恥的老生常談。它也能夠讓我們看到大暴君對其嘍囉們的態度是多麼的輕蔑，他將他們只是當成「炮灰」。

39 馬雷（Hugues Bernard Maret）先後擔任拿破崙的國務秘書和外交大臣等要職。達武（Louis-Nicolas Davout），拿破崙的名將之一。

響，這些發展就會成為無法想像的事情。

但是，名望並不是完全是憑藉個人的權勢、軍事成績或宗教敬畏而形成的。它可以有很簡單平常的來源，但是力量也卻不可估量。我們這個世紀就有很多這樣的實例。能夠讓後人一直記得的最驚人的事例之一，是那個把大陸一分為二，將地球面貌和通商關係都改變的著名人物的故事。他實現了自己的壯舉的原因是他有強大的意志，也是因為他能讓自己周圍的人為他著迷。為了應對他遇到的無數反對，他只用自己的行動來回答。他言簡意賅，他的魅力可以化敵為友。英國人非常反對他的計畫，但是他一出現在英國，所有的選票都是站在他那一邊；晚年他經過南安普頓時，一路上教堂的鐘聲不斷；如今又有一場運動在英國展開，想樹立一座塑像給他。

征服了必須征服的一切之後，如人和事、沼澤、岩石、沙地，他相信不會再有什麼事情能擋住他，他想在巴拿馬再挖一條蘇彝士運河。他還是遵循老辦法進行這項工程，但是他年事已高。此外，雖有填海移山的信念，如果那山非常高大，卻也找不到挪開它的辦法。山會發出抵抗，後來發生的災難，把這位英雄身上耀眼的光環給抹去了。他的一生不但說明了名望怎麼出現，也說明了它怎麼消失。他成就了完全可以和歷史上最偉大的英雄比肩的業績之後，他再次被自己家鄉的官僚打入了最下賤的罪犯之流。他辭世時沒人留意，靈柩經過處，是一群麻木不仁的民眾。只有外國政府做到了紀念他的時候，和歷史上每個最偉大的人一樣，懷著敬意。[40]

上面提到的這些事仍然屬於極不尋常的例子。要想更細緻地認識名望的心理學，很有必要把它們放在一系列極端的事例中。宗教和帝國的創立者是這個系列的一端，另一端則是用一項新帽子或一件新服飾向鄰居炫耀的人。

在這一系列事例的兩極之間，文明中的科學、藝術、文學等各種不同因素所導致的一切不同形式的名望，都有立錐之地，並且可以看到，名望是說服群眾的一個必備因素。享有名望的人、觀念或物品，在傳染的影響下，人們就會自然而然的模仿，使整整一代人接受某些感情或表達思想的模式。進一步說，這種模仿通常是下意識的，這解釋了它的徹底性這一事實。臨摹某些原始人的單調色彩和僵硬姿態的現代畫家，常常會能

---

40 奧地利一家報紙《新自由報》用了很長的篇幅論述了雷塞布的命運，其中精彩的心理學文字我摘錄如下：

在費迪南·德·雷賽布被指控後，人們不需要再對哥倫布的可悲下場表示震驚。如果雷賽布是個騙子，那麼所有高貴的幻想都成了犯罪。古人紀念他會用榮耀的光環，會讓他喝下奧林匹克的甘露，因為他把地球的面貌改變了，把使萬物更加完美的任務完成了。上訴法院的首席法官因為對費迪南·德·雷賽布的指控而成了永不磨滅的人物，因為各民族都是需要一些人，他們不害怕把信徒的帽子扔向一位為當代人增光的老人以此將自己的時代貶低。」

「在資產階級憎恨大膽創舉的地方，再也不用談論什麼不可動搖的正義的未來！民族需要勇士，他們自信滿滿，將所有的障礙克服，忽略個人的安危。天才做不到謹言慎行，一味謹言慎行，是絕對做不到把人類的活動範圍擴大的。」

「……費迪南·德·雷賽布清楚凱旋的狂喜與挫折的傷痛——蘇彝士和巴拿馬。在這一點上，這顆心對成功的道德開始了反叛。當雷賽布成功地將兩個海洋貫通時，國王和人民對他都是崇敬；如今，當在科迪雷拉斯的岩石面前他失敗了，他就變成了一個沒有教養的騙子。……從這種結局中，我們看到了社會各階級之間的戰爭，看到了資產階級和雇主們的矛盾，他們依賴刑法，對那些在其同胞中鶴立雞群的人施以報復，在面對人類天才高遠的理想時，現代立法者心裡很是害怕，而公眾對這些理想也不理解。一個大律師很容易證明，斯坦利（比利時著名探險家）是個瘋子，德·雷賽布是個騙子。」

夠比他們靈感的來源更具生命力。他們相信自己的真誠，如果沒有哪個傑出的大師讓這種藝術形式復活，人們看到的也就一直只是他們幼稚低級的一面。還有一些藝術家模仿另一位著名大師級藝術家，他們在自己的畫布上塗滿了紫羅蘭色的暗影，但是在自然界裡，他們並沒有看到比五十年前更多的紫羅蘭。他們是被另一位畫家的個性和特殊印象所影響，也就是受到了他的「暗示」，而這位畫家儘管很奇怪，卻成功地擁有了巨大的名望。在文明的所有因素中，這樣類似的例子有很多。

透過上面的論述我們知道，名望的產生與很多因素都有關，而成功是其中最重要的一個因素。每個成功者，每個得到承認的觀念，當它成功後，人們就會對他深信不疑。成功是可以通向名望的主要臺階，因為成功一旦消失，名望也會隨之消失。昨天還備受群眾推崇的英雄一旦失敗，今天遭受到的就會是侮辱。當然，名望越高，反應也就越強烈。在這種情況下，群眾會把陌路英雄視為自己的同類，為自己曾向一個已不復存在的權威低頭哈腰而進行報復。當年羅伯斯庇爾處死自己的同夥和大量的人時，他擁有的名望是非常巨大的。當幾張選票的轉移將他的這種權力剝奪了以後，名望也就不復存在，群眾把他送上了斷頭台，而且伴著群眾的齊聲咒罵，這和不久前對待他的犧牲品相同。信徒們總是極端殘暴地將他們以前神靈的塑像打碎。

名望一旦缺少成功，很快就會消失。只要時間更長一些，它也可以在探討中受到磨蝕。不管怎麼說，探討的力量是非常值得依靠的。當名望成為問題時，就不是名望。能夠做到將名望長期保存的神與人，對探討都不容商量。為了讓群眾敬仰，必須和它保持一定距離。

4.群體的信念和意見的變化範圍

提要：（1）牢固的信念。某些普遍信念很難改變／它們是文明的主流／根除它們非常困難／信念在哲學上的荒謬性對它的傳播沒有妨礙。（2）群體意見的多變。不是來自普遍信念的意見很容易變／近百年來觀念和信仰的多樣化／這種多樣化的真正界限／受到多樣化影響的事物／混亂的報業是意見多變的一個原因。

（1）牢固的信念

生物的解剖學特徵和心理特徵有著密切而相似的地方。在這些解剖學特徵中，會看到一些輕易不改變或只有微微改變的因素，它們的改變需要用地質年代來計算。除了這些穩定的、牢不可破的特徵之外，也能看到一些很容易變化的特徵，如利用畜牧和園藝技術很容易就能把一些特徵改變，有時甚至會使觀察者都看不到那些基本特徵。

在道德特徵上同樣的現象也可以看到。一個種族除了有不可變的心理特徵外，也會有一些可變因素。所以在對一個民族的信仰和意見進行研究時，在一個牢固的基礎結構之上，總是會有一些嫁接在上面的意見，其多變和岩石上的流沙一樣。

所以，群體的意見和信念可以是兩種非常不同的概念。一方面我們有重要而持久的信仰，它們能夠數百年保持不變，整個文明的基礎也許就是這樣。例如過去的封建主義、基督教和新教，在我們這個時代則有民族主義原則和當代的民主和社會主義觀念。另一方面是一些短暫而易變的意見，它們通常是每個時代存在和消亡的一些普遍學說的產物，影響文學藝術的各種理論就是這方面的例子，例如那些讓浪漫主義、自然主義或神祕主義得以產生的理論。這些意見通常都是表面的，和時尚一樣多變。它們如同深潭表面不斷出現和消失的漣漪。

偉大的普遍信仰數量很有限。它們的興衰就是每一個文明種族的歷史上備受關注的事件。它們就是文明的真正基礎的構成。

用一時的意見對群眾的頭腦產生影響很容易，想讓一種信仰在其中根深柢固卻很難。不過，一旦這種信念被確立，要想把它根除掉也相當困難。通常能對它們進行革新的就只有暴力革命。甚至當信念對人們的頭腦沒有任何控制力時，也必須依賴革命。在這種情況下，對幾乎已經被人拋棄的東西做最後的清理，這就是革命的作用，因為習慣勢力對人們將它們完全放棄有阻礙作用。一場革命的開始，如同一種信念的末日。

很容易辨別一種信念開始衰亡的確切時刻——就是它的價值開始受到質疑的時刻。一切普遍信念都是一種虛構，不能受到審查就是它唯一的生存條件。

不過，即使當一種信念已經處於風雨飄搖時，以它為基礎建立起來的制度仍會保持其力量，消失得會很緩慢。最後，當信念完全消失時，建立於這種信念之上的一切也會快速衰亡。到現在為止，沒有一個民族能夠在沒有下決心破壞其全部文明因素的情況下將它的信仰改變。這個民族會一直繼續這一轉變過程，直到接受一種新的普遍信念而腳步停下為止，在此之前它會一直處於無政府狀態中。普遍信念是文明不可缺少的柱石，各種思想傾向就是被它們所決定的。只有它們能夠激發信仰並形成責任意識。

各民族都知道獲得普遍信念的好處，它們本能地知道，這種信念的消失就意味著它們要衰敗。使羅馬人能夠擁有征服世界的信念，是因為狂熱地崇拜著羅馬；當這種信念嗚呼哀哉時，就注定羅馬要衰亡。至於那些把羅馬文明毀滅的野蠻人，只有當他們擁有某種共同接受的信念，讓他們能團結，無政府狀態得以擺脫時，才能做到這一點。

在捍衛自己的意見時，各民族沒辦法做到一個寬容的態度，這也是有原因的。對哲學批判表現出來的不寬容態度，是一個民族生命中最必要的品質。在中世紀，正是因為那些發明創造者為了尋求或堅持普遍的信仰，才會一個個被送上火刑柱，即便他們逃脫了殉道，也一定會絕望。也正是為了捍衛這些信念，世界上常常會上演一幕幕最可怕的悲劇，才有無數的人戰死沙場或掙扎在死亡的邊緣。

建立普遍信念的道路可謂異常艱難，不過一旦它有了立錐之地，在很長一段時間它就會有不可征服的力量，無論從哲學上看它多麼荒謬，它都會刺入最清醒的頭腦。在過去的一千五百年的時間裡，歐洲各民族一直認為，那些和摩洛克神[41]一樣野蠻的宗教神話是不容置疑的。有過上帝因為他自己創造出來的動物不聽話，便進行自我報復，讓他的兒子遭受殘酷的刑罰，在十多個世紀裡，居然從來沒人覺得到這種神話極其荒誕。如伽利略、如牛頓、如萊布尼茲等有過人天賦的人，也從沒有想到過這種說教的真實性是非常值得懷疑的。普遍信仰有催眠作用，這個事實比任何事情都更典型，也沒有任何事情能更確切地表明，我們的理智有著令人羞愧的局限性。

新的教條一旦在群體的頭腦中形成，就會成為鼓舞人心的泉源，由此它會發展出各種制度、藝術和生活方式。在這種環境之下，它對人們有著絕對的控制。實幹家只期望讓這種普遍接受的信仰變成現實，立法者只期望想把它付諸實踐，哲學家、藝術家和文人全都沉醉在怎樣用各種不同的方式把它表現出來，除此之外沒有別的想法。

從基本信念中會有一些短暫的觀念派生出來，但是它們總是具有那些信念賦予它們的印記。埃及文明，中世紀的歐洲文明，阿拉伯地區的穆斯林文明，都是屈指可數的幾種宗教信仰的產物，這些文明中即使最不值一提的事物，它們留下的印記也能一眼就能辨認出來。

所以，還好有這些普遍信念，每個時代的人都在一個由傳統、意見和習慣都相似組成的基本環境中成長，他們做不到將這些東西的束縛擺脫。人的行為首先被他們的信念所支配，其次也被這些信念所形成的習慣支配。這些信念對我們生活中最微不足道的行動進行著調整，最具獨立性的精神也沒辦法將它的影響擺脫掉。在潛移默化中對人們的頭腦進行支配的暴政，是唯一的真正的暴政，因為你沒辦法和它作戰。不錯，提比略[42]、成吉思汗和拿破崙都是非常可怕的暴君，但是如摩西、佛祖、耶穌、穆罕默德等在墳墓深處躺著的人，對人類實行的專制統治反而更深刻。利用密謀可以把一個暴君推翻，而反對牢固的信念能利用什麼呢？在和羅馬天主教進行暴力對抗中，法國大革命最終屈服，儘管群體的同情很明顯是在它這一邊，儘管它採用了的手段是如宗教法庭一樣無情的破壞手段。人類所知道的唯一真正的暴君，從來都是他們對死人的懷念或為自己構造出來的幻想。

從哲學的角度來看，普遍的信念往往很荒謬，但這從來不能阻礙它們獲勝。當然，

41 摩洛克神（Moloch）是古代地中海東部地區人們崇拜的神靈，對他的祭拜有以兒童為犧牲的習俗。
42 提比略（Tiberius，西元前42——西元37），古羅馬帝國的第二代皇帝。

如果這些信念為它提供某種神奇的荒謬性這一條件缺少了，它們就不會獲勝。所以，今天的社會主義信念雖然破綻很明顯，這不會成為它們贏得群眾的阻礙。這種思考得出的唯一結論是，和所有宗教信仰進行比較，它也就只能說是更低級的信仰，因為前者所提供的幸福理想只能在來世才能實現，所以也做不到對它反駁，而社會主義的幸福理想希望在現世就能落實，所以只要有人想努力將這種理想變為現實，它的許諾的空洞無物馬上就會原形畢露，從而使這種新信仰臭名遠揚。所以，只能到它獲得勝利，開始實現自身的那天，它的力量才會增加。由於這個原因，這種新宗教雖然和過去所有的宗教沒有不同，也會以產生破壞性影響作為起點，但是將來它並不會有創造性的作用發揮出來。

（2）群體意見的多變

以上我們闡述了牢固信念的力量，不過在這個基礎的表面，還會有一些不斷生生滅滅的意見、觀念和思想生長出來。其中一些也許生命很短暫，較重要的也可能比一代人的壽命要短。我們已經指出，這種意見的變化有時僅僅是表面現象，它們總是被某些種族意識所影響。例如在對法國政治制度進行評價時我們說明，各政黨表面上看極為不同——保皇派、激進派、帝國主義者、社會主義者等等，但是它們有一個理想絕對一致的，並且法蘭西民族的精神結構完全決定了這個理想，因為在另一些民族中，在同一個名稱下看到的理想會是完全相反的。不管是給那些意見所取的名稱，還是其騙人的用法，都不會對這個事物的本質有所改變。大革命時代的人備受拉丁文學的薰陶，他們看到的只有羅馬共和國，採用的法律、權標、法施都是他們的，但他們不可能是羅馬人，因為後者是被一個歷史意義非常強大的帝國的所統治。研究古代的信念在其表面變化背後支撐著它們的是什麼，在隨時都處於變化的意見中把受普遍信念和種族特性決定的成分找出來，這就是哲學家的任務。

如果不做這種哲學上的檢驗，人們會認為群眾經常把他們的政治或宗教信念隨意改變。一切歷史，不管是宗教的、政治的、文學的或藝術的歷史，似乎都證明了事情就是這樣。作為例證，讓我們來看看法國歷史上從一七九〇到一八二〇年這非常短暫的三十年，這也正好是一代人的時間。在這段時間，我們看到，保皇派的群體在最初變得十分革命，然後成為極端的帝國主義者，最後又成了君主制的擁戴者。在宗教問題上，在這段時間，他們的轉變是從天主教倒向無神論，然後又倒向自然神論，最後又依舊是保持著最堅定的天主教立場。這些變化不只在群眾中發生了，而且也在他們的領導者中發生了。我們吃驚地發現，國民公會中的一些重要人物，國王的對頭、既不信上帝又不信君主的人，竟會成為拿破崙恭順的擁戴者，在路易十八的統治下，又手持蠟燭虔誠地在宗教隊伍中間行走。

在以後的七十年裡，群眾的意見又有了多次的變化。本世紀初「背信棄義的英國佬」在拿破崙的繼承者統治時期，成了法國的盟友。兩度遭到法國入侵的俄國，最後抱著滿足的心態看著法國倒退，並成為了它的朋友。

在文學、藝術和哲學中，接下來的意見變化速度就更快。浪漫主義、自然主義和神秘主義等等，依次登場，生生滅滅。昨天還備受推崇的藝術家和作家，明天可能就會被人痛加責。

但是，當我們對所有這些表面的變化進行深入分析時，發現了什麼？只要是和民族的普遍信念和情感相左的東西，持久力都非常短，逆流沒多長時間就又回到了主河道。與種族的任何普遍信念或情感沒有關係，從而不可能具有穩定性的意見，只能被機遇任意擺佈了，或者——假如它的說法還有地方可取——會隨著周圍的環境的變化而變化。它們只能是在暗示和傳染的作用下形成的一種暫時現象。它們很快成熟，又很快消失，如同海邊沙灘上被風吹成的沙丘。

目前，群體中易變的意見比以往任何時候都要多很多，這是因為三個不同的原因。

首先，以前的信仰正在慢慢失去它的影響力，所以它們也不能和過去那樣，能夠形成當時的短暫意見。普遍信仰不斷衰落，這就給一大堆既沒有歷史也沒有未來的偶然意見提供了場所。

第二個原因是不斷增長的群眾的勢力，但這種勢力卻沒有制衡的力量。我們已知道群體觀念的一個特點就是極其多變，這一特點可以自由地表現出來。

最後，第三個原因是報業最近的發展，它們把完全對立的意見不斷地帶到群眾面前。每一種個別的意見所產生的暗示作用，很快就會被對立意見的暗示作用所破壞。造成的後果是任何意見想要普及都很難，它們全都成了曇花一現。今天，一種意見還沒讓更多的人接受，成為普遍意見，便已消失殆盡。

這三個原因造成一種世界史上的全新現象，它是這個時代最顯著的特點。這裡我說的是政府在領導輿論上不產生作用。

過去，就在不久以前，政府的措施、少數作家和很少幾家報紙的影響，就是能真正地反映出公眾的輿論，而今天作家的影響力幾乎沒有，報紙也只是對意見給予反應。對於政客來說，不要說他們來引導各種意見，能追趕得上還不一定。他們害怕意見，有時甚至變成了恐懼，這讓他們採取了極不穩定的行動路線。

於是，群體的意見越來越成為政治的最高指導原則。它已經發展到了這種地步，竟然能夠讓國家之間結盟，例如最近的法俄同盟，就是因為一場大眾運動。目前有一種很奇怪的現象，我們發現教皇、國王和皇帝們也開始同意接受採訪，他們似乎也願意將自己在某個問題上的看法交給群眾評判。在政治事務上不可太過感性，過去這樣說也還可以，但是當越來越受到多變的群眾衝動支配著政治時，而他們又不被理性所支配，只受情緒影響時，再這樣說還可以嗎？

至於過去對意見具有引導作用的報業，和政府一樣，在群眾勢力面前它也變得卑躬屈膝。當然，它的影響力還是不容忽視的，但是這不過是因為它只僅僅把群眾的意見及其不斷地變化反映出來。既然報業僅僅是提供資訊的部門，它便不再為了讓人接受某種觀念或學說而努力了。它在公眾思想的變化中漂流放蕩，因為必須要競爭，所以它也只能這樣做，因為它害怕自己的讀者慢慢消失。過去那些穩而有力且影響力巨大的報紙，如《憲法報》、《論壇報》或《世紀報》，被上一代人傳播著，當成智慧一樣，現在不是它們已經消失，而是它們成了典型的現代報紙，各種輕鬆話題、社會見聞和金融謊言之間往往夾雜著最有價值的新聞。如今，幾乎沒有報紙富裕到能夠讓它的撰稿人自己傳播自己的意見，因為對於那些只想得到消息，對於經過深思熟慮後做出的所有斷言一概抱有質疑態度的讀者，這種意見的價值微不足道。甚至評論家也不會肯定地說這一本書或一齣戲就一定會成功。他們能夠用惡毒的語言對別人造成傷害，但不能提供服務。報館心裡明白，在形成批評或個人意見上不起任何作用的東西，對他們持有的立場就是壓制批評，僅僅是提一下書名，再加上兩三句「捧場的話」。在二十年的時間裡，戲劇評論也會是同樣的命運。

今天，報社的第一要務是密切關注各種意見。它們需要在沒有任何中間環節的情況下清楚一個事件、一項法案或一次演說造成的效果是什麼。這也是一件比較難的任務，因為群眾的想法比任何事情都更為多變，今天，群眾對他們昨天還讚揚的事情今天便給予痛　的做法，比任何事情都要常見。

沒有任何引導意見的力量的存在，再加上普遍信仰慢慢消失，導致一切秩序都有極端分歧的信念存在，並且讓群眾對於一切和他們直接利益沒有相關的事情置之不理。像社會主義這種信條的問題，只能在如礦山和工廠裡的工人等沒有文化的階層中得勢，中產階級的下層成員和受過一些教育的工人，不是徹底成為了純粹的懷疑論者，就是抱著極不穩定的意見。

過去二十五年裡，朝著這個方向演變的速度是極快的。在這之前的那個時期，雖然和我們的相距比較近，人們的意見還仍然大致存在著一般趨勢，它們產生的原因是接受了一些基本的信仰。只根據某人是個君主制的擁戴者這一事實，就斷定他持有某些明確的歷史觀和科學觀；只根據某人是共和主義者，便認為他有著完全相反的觀點。擁護君主制的人非常確信，人不是從猴子演變過來的，而共和主義者同樣非常確信，猴子就是人類的祖先。擁護君主制的人必須為王室說話，共和主義者發言時必須飽含著對大革命的崇敬之情。但凡提到一些人名，如羅伯斯庇爾和馬拉，語氣中一定要流露出宗教式的虔誠，還有一些如凱撒、奧古斯都或拿破崙等的名人，在提到的時候也一定猛烈地痛斥。甚至在法蘭西的索邦[43]，這種理解歷史的幼稚方式也是普遍存在的。

目前，因為討論和分析，一切意見都失去了名望；它們的特徵很快退化，持續的時間之短很難把我們的熱情都喚起來。現代人日益變得漠不關心。

理念衰退不必太過悲傷。毋庸置疑，這代表了一個民族生命的衰敗。當然，與專事否定、批判的人或麻木不仁的人相比，偉大的人、具備超凡眼光的人、使徒和民眾領袖，那些真誠的、有強烈信念的人能夠發揮的影響就更大，不過我們不能忘記，因為目前群眾擁有的勢力很龐大，所以，如果有一種意見擁有足夠的聲望，讓自己被群眾普遍接受，那麼很快它就會擁有強大的專制權力，一切事情都會屈服於它，自由討論的時代便會永遠消失。群眾偶爾是個像赫利奧加巴勒和梯比留斯悠閒的主人，但他們也是狂暴而變化多端的。當群眾在一種文明上佔了上風時，它再延續下去的機會就沒有了。如果說還有什麼事情能夠將這種自身的毀滅推遲的話，那就是反覆無常的群眾意見，以及他們對一切普遍信仰的漠不關心。

第三卷　不同群體的分類及其特點

1. 群體的分類

提要：群體的一般分類／（1）異質性群體。它們的不同類型／種族的影響／群體精神敵不過種族精神／種族精神代表文明狀態，群體精神意味著野蠻狀態。（2）同質性群體。它們的不同類型／宗派、身份團體和階級。

我們已在本書中對群體的一般特點進行論述。現在對不同類型的集體在被一定刺激因素所影響後變成群體時各自具有的特點還需要說明。我們先說幾句話來說說群體的分類。

43 從這個角度來看，法國在任命的專家寫下的一些東西是非常令人不解的。它們也證明了在法國的大學教育體制中是多麼缺乏批評精神。
索邦，巴黎大學的舊稱。西元1257年因著名的精神學家索邦所建的神學院而得名。

我們的起點是簡單的人群。當許多人組成的人群是不同種族時，我們就能知道它最初級的形態。在這種情況下，領導者或多或少受到尊敬的意志是能形成團結的唯一的共同紐帶。野蠻人在幾百年的時間裡不斷進犯羅馬帝國，這些野蠻人的來源很複雜，所以可以把他們當成這種人群的典型。

和不同種族的個人組成的人群相比更高的層面，是那些在某些影響下擁有了共同特徵，所以最終形成一個種族的人群。它們有時會有某些群體的特徵表現出來，不過這些特徵在一定程度上敵不過種族的因素。

在本書對某些影響的作用下，這兩種人群可以往有機的或心理學意義上的群體轉變有過闡述。這些有機的群體我們可以分為以下兩類：

（1）**異質性群體**

a.無名稱的群體（如街頭群體）

b.有名稱的群體（如陪審團、議會等）

（2）**同質性群體**

a.派別（政治派別、宗教派別等）

b.身分團體（軍人、僧侶、勞工等）

c.階級（中產階級、農民階級等）

我們將簡單地指出這些不同類型群體的特徵。

（1）異質性群體

本書前面一直在研究這種群體的特點。它們是由有著特點不同、職業不同、智力水準不同的個人組成的。

根據事實我們就能知道，人作為行動的群體中的一員，他們的集體心理與個人心理從本質上就有很大的差別，而且他們的智力也會被這種差別所影響。我們已經知道，在集體中，智力是不起作用的，它完全是被無意識情緒所支配的。

使不同的異質性群體幾乎完全不同的就是種族這個基本因素。

我們經常談到種族的作用，說它是人們行動最強大的決定因素。它的作用在群體的性格中也都能找到痕跡。由偶然聚集在一起的個人組成的群體，如果裡面全是英國人或中國人，同如俄國人、法國人、西班牙人等特徵完全不同但屬於同一個種族的個人，他們組成的群體，差別會非常大。

當環境形成了一個群體，並且其中有著不同民族但比例大體相同的個人時，他們所繼承的心理成分給人的感情和思想方式造成的巨大差異，就會變得非常的突出，不管讓他們聚集在一起的利益有多麼一致，這種情況都會發生。社會主義者試圖努力在大型集會中將不同國家的工人代表集合在一起，最後收場的總是公開的分歧。拉丁民族的群體，不管它多麼革命或多麼保守，為了實現自己的要求，會毫無意外地向國家的干預求助。它總是靠近於集權，總是明裡暗裡傾向於贊成獨裁。相反，英國人或美國人的群體看待國家就很不重視，他們只向個人的主動精神求助。法國的群體很注重平等，英國的群體則特別注重自由。這些差異說明了幾乎每一個國家就有每一種不同形式的社會主義和民主的原因了。

由此可見，種族的氣質對群體性格的影響是很重大的。它是一種決定性力量，對群體性格的變化有一定限制。所以可以認為，一條基本定律就是，由於種族精神十分強大，相比之下，群體的次要性格就並不十分重要。群體狀態或支配群體的力量和野蠻狀態很像，或者說是回歸到這種狀態。種族正是透過獲得結構穩定的集體精神，才讓自身在越來越大的程度上將缺乏思考的群體力量擺脫了，脫離了野蠻狀態。除了種族因素之外，對異質性群體最重要的分類，就是把它們分為如街頭群體這樣的無名稱的群體和如精心組織起來的議會和陪審團等有名稱的群體。前一種群體責任感不夠，而後一種群體則有著很強的責任感，這導致了它們的行動也有著很大的不同。

（2）同質性群體

同質性群體包括：a.派別；b.身分團體；c.階級。

同質性群體組織過程的第一步就是派別。一個派別包括在教育、職業和社會階級的歸屬方面大不相同的個人，把他們聯繫在一起的是共同的信仰。宗教和政治派別就是這方面的例子。身分團體是最易於組織起群體的一個因素。派別中有很多職業、教育程度和社會環境都大相徑庭的個人，他們能被聯繫在一起就是有共同的信仰，而身分團體是一些職業相同的個人組成的，所以他們的教養和社會地位也是比較相當的。如軍人和僧侶團體就是這方面的例子。

階級是由來源不同的個人組成的，和派別不同的是，把他們結合在一起的不是信仰相同，也不像身分團體那樣職業相同，而是某種利益、生活習慣以及教育都比較相同。中產階級和農民階級就是這方面的例子。

本書討論的只是異質性群體，同質性群體（派別、身分團體和階級）在另一書本裡研究就好，所以我不會在這裡談論後一種群體的特點。在結束對異質性群體的研究時，我會對下面的幾種典型的特殊群體考慮一下。

2. 被稱為犯罪群體的群體

提要：被稱為犯罪群體的群體／群體犯法時在心理上也許不能稱之為犯罪／群體行為絕對是無意識的／「九月慘案」參與者的心理／他們的邏輯、殘忍和道德觀念。

興奮期過後，群體進入的就會是一種純粹自動的無意識狀態。在這種狀態下，它被各種暗示所支配，所以把它說成一個犯罪群體似乎很難。我將這一錯誤的定性保留，原因是最近一些心理學研究使它變得十分流行。不錯，群體的一些行為，如果只討論其本身，就是犯罪行為，但是在一些情況下，這種犯罪行為和一隻老虎為了消遣而讓其幼虎把一個印度人撕得慘不忍睹，然後再把他吃掉的行為是一樣的。

通常，一種強烈的暗示就是群體犯罪的動機，參與這種犯罪的個人事後會認為他們的行為是在盡自己的責任，這和平常的犯罪是完全不同的。

群體犯罪的實例說明了這個情況。

巴士底獄監獄長的遇害就是一個很典型的事例。在這位監獄長的堡壘被攻破後，一群極度興奮的人緊緊把他圍住，從各個方面對他拳打腳踢。有人建議把他吊死，將他的頭砍下，讓他掛在馬尾巴上。在進行反抗時，他不小心踢到了一個在場的人，於是有人建議，讓那個挨踢的人把監獄長的喉嚨割斷，他的建議立刻獲得了群眾的贊同。

這個人，一個做完工作的廚師，來巴士底獄就是滿足其好奇心，他只是想知道發生了什麼。因為由於普遍的意見就是這樣，所以對這是一種愛國行為他深信不疑，甚至一意孤行地認為殺死一個惡棍就能得到一枚勳章。他拿一把借來的刀擱在那裸露出來的脖子上，因為武器不尖銳了，他沒能切動。於是從自己口袋裡將一把黑柄小刀取出（因為廚子是有手藝的，他對切肉的經驗很足），圓滿地完成了這道命令。

以上描述過程的作用，這個例子將它清楚地反映了出來。別人的教唆我們遵從，它會因為從集體中來變得更強大，殺人者堅信自己做的事情是很有功德的，既然他獲得了無數同胞的贊同，他這樣想是很正常的。這種事從法律上來斷定就是犯罪，從心理上卻不是視之為犯罪。

犯罪群體的一般特徵：易受慫恿、輕信、善變、加以誇大良好或惡劣的感情、表現出某種道德，等等，這和我們在所有群體中看到的特徵沒有不同。

我們會發現，法國歷史上有著最兇殘記錄的群體，也就是參與「九月慘案」的群體中間，這些特徵也都一個不缺。事實上，它和製造聖巴托洛繆慘案的群體很相似。這裡我將泰納根據當時的文獻所做的詳細描述引用一下。

沒有人確定殺掉犯人空出監獄的命令到底是誰下的。可能是丹東或別的什麼人，這無關緊要。但是參與屠殺的群體受到了強烈的慫恿，這個事實是我們所關心的。

這個殺人群體殺了大約三百人，而且這個群體完全是個典型的異質性群體。除了少數本身無賴，主要的都是一些小店主和各個行業的手藝人：理髮師、靴匠、鎖匠、泥瓦匠、郵差、店員等等。在別人的教唆下，他們和前面提到的那個廚子一樣，完全認為自己是在做一項愛國主義任務。他們擠進一間雙開門的辦公室，不但是當法官而且是執行人，但是他們完全沒有認為自己是在犯罪。

他們深信自己承擔著艱鉅使命，動手搭起一座審判台，與這種行動脫不了關係的是，他們馬上將群體的率直和幼稚的正義感表現了出來。因為受指控的人數比較多，他們決定將貴族、僧侶、官員和王室僕役統統處以死刑，不需要對他們的案件全部都進行審理——換句話說，在一個出眾的愛國者眼裡，對於所有的個人，只因為職業就可斷定他是罪犯。對其他人進行判決是根據他們的個人表現和聲譽。群體幼稚的良知以這種方式使之得以滿足。現在進行屠殺是合法的，殘忍的本能也不用再被限制了。我在別處對這種本能的來源進行過討論，集體總是會將它發揮得酣暢淋漓。不過和群體通常表現的一樣，這種本能對他們表現出一些相反的感情並沒有影響，他們的善心常常和殘忍一樣很極端。

「他們非常同情和深刻理解巴黎的工人。在阿巴耶，那幫人中的一員在得知囚犯二十四小時沒喝上水後，甚至想打死獄卒，如果不是犯人們為其求情，毫無疑問他會這樣做。當一名囚犯被（臨時法庭）宣告無罪後，就連衛兵和劊子手在內的所有人都高興地和他擁抱，瘋狂地鼓掌。」然後開始了大屠殺。在這個過程中，歡快的情緒一直持續。他們圍在屍體旁跳舞唱歌，「為女士」安排了長凳，讓她們享受觀看處死貴族的快樂，而且這種表演一直被特殊的正義氣氛充斥著。

阿巴耶的一名劊子手當時抱怨說，為了讓女士們能更真切地看到，把她們安排得太近了，這讓在場的人中很少數的人享受了痛打貴族的樂趣。為了延長其受苦的時間，於是決定讓受害者在兩排劊子手中間慢慢走過，讓他們用刀背砍他。在福斯監獄，受害人被剝得一絲不掛，在半小時裡施以「凌遲」，直到所有人都看夠了以後，再來上一刀將他們的五臟六腑切開。

劊子手也還是有顧忌的，我們指出過的在群體中存在的道德意識在他們身上也有出現。他們拒絕將受害人的錢財和首飾佔為己有，這些東西都擱置在會議桌上。

在他們的所有行為中，都可以看到群體頭腦特有的那種幼稚的推理方式。因此，殺死了一千二百到一千五百個民族的敵人之後，有人提議說，監獄裡的老年人、乞丐和流浪漢，因為他們是一群沒用的人，所以可以把他們全都殺掉，他的建議馬上被採納。他們中間當然也有人民的敵人，如一位名叫德拉盧的婦女，一個下毒的人的妻子：「她肯定對坐牢非常憤怒，如果她能做到的話，一把火燒掉巴黎也是有可能的。她肯定這樣說過，她已經這樣說過了。把她除掉算了。」這種說法看起來很令人信服，毫無疑問囚犯都被處死了，其中十二歲到十七歲的兒童就有五十名，他們當然也變成了人民公敵，於是全都被處死了。

當一週的工作結束時，所有這些處決也最終結束，劊子手們想來可以暫時休息一下。但他們堅信自己為祖國立了大功，於是到政府請求賞賜。甚至最後連最熱情的人都要求給他授予勳章。

一八七一年巴黎公社的歷史也有一些類似的事實。既然群體的勢力持續增長，政府的權力在它面前接連失敗，所以一定還會有很多性質相同的事情發生。

3. 刑事案件的陪審團

提要：陪審團的一般特點／統計資料顯示，它們的判決獨立於它們的人員成分／影響陪審團的方法／辯護的形式與作用／說服關鍵人物的技巧／令陪審團遲疑或嚴厲的不同罪行／陪審團制度的好處。

由於不可能在這裡一一研究所有類型的陪審團，所以我只對其中最重要的進行評價，也就是法國刑事法庭的陪審團。這些陪審團提供了一個很好的例子給有名稱的異質性群體。我們會看到，它也具備易受暗示和缺乏推理能力的特點。當它處在群眾領袖的影響之下時，主要也是被無意識情緒所支配。在對這個過程進行研究時，我們偶爾還會看到一些不懂群眾心理的人犯下錯誤的有意思的事例。

首先，組成群體的不同成員在做出判決時，他的智力水準並不重要，陪審團就是一個很好的例子。我們已經知道，當一個善於思考的團體被要求對某個不是完全技術性的問題發表意見時，智力發揮的作用很小。例如，一群科學家或藝術家，就因為他們組成一個團體這個事實，並不能就一般性問題做出與一群泥瓦匠或零銷售商十分不同的判斷。在不同的時期，特別是在一八四八年以前，法國政府規定召集起來組成陪審團的人在選擇時一定要慎重，要從教授、官員、文人等有教養的階層選出陪審員。如今，大多數陪審員都是小商人、小資本家或雇員。然而讓專家無法理解的是，不管組成陪審團的是什麼人，他們的判決都是一樣的。甚至那些敵視陪審制度的地方長官，也必須承認判決的準確性。刑事法庭的前庭長貝拉．德．格拉熱先生，在自己的《幗憶錄》中說了下面的話來表達自己的看法：

今天，市議員手裡掌握著選擇陪審員的權力。他們根據自己環境中的政治和選舉要求，把人們加到名單上或刪除。……選入陪審團的人大多數都是生意人（但並不是如過去那樣重要的人）和某個政府部門的員工。……只要確定了法官的開庭時間表，他們的意見和專長就沒有什麼作用。許多陪審員具有新手應有的熱情，有著最良好的意圖的人，同時將他們置身在恭順的處境下，陪審團的精神仍然一樣：它的判決依然沒有不同。

對於這段話，我們需要記住的不是那些軟弱無力的解釋，而是最後得出的結論。對這樣的解釋我們不用太奇怪，因為法官通常和地方長官一樣，對群體心理一無所知，所以他們也不瞭解陪審團。我從上面提到的這位作者有關的事實中，還發現了一個證據。他認為，拉肖先生，刑事法庭最著名的出庭律師之一，他千方百計地利用自己的權力，在所有案件中拒絕讓聰明人出現在名單上。但是經驗最後會告訴我們，這種反對是沒有用的，這可由一個事實來證明，也就是今天的公訴人和出庭律師，以及所有那些關在巴黎監獄裡的人，都已完全把他們反對陪審員的權利放棄了，因為正和德・格拉熱先生說的一樣，陪審團的判決沒有絲毫不同，「它們既不更好，也不糟糕」。

和群體一樣，陪審團也被感情因素很強烈地影響著，很少被證據所打動。一位出庭律師說：「他們不忍直視一位母親用乳房餵孩子或者一個孤兒。」德・格拉熱則說：「一個婦女只要裝出一副百依百順的樣子，就能贏得陪審團的同情心。」

對自己有可能成為其受害者的罪行，陪審團很不留情，當然，這些罪行對社會的危害也是最大的，但是對於一些因為感情原因而導致違法的案件，陪審團卻常常猶豫不決。對未婚母親的殺嬰的處決，或者用潑硫酸來對付拋棄或誘惑自己的男人的婦女，他們就表現得很寬容，因為他們認為，這種犯罪對社會的正常運作威脅不大，而且在一個被拋棄的女性不被法律保護的國家裡，她為自己報仇，不但無害反而有益，因為這可以事先嚇住那些可能的誘姦者。

和任何群體一樣，陪審團也被名望所影響。德·格拉熱先生很鮮明地指出，陪審團的構成雖然很民主，在好惡態度上他們卻很貴族化：「頭銜、財產、出身、名望或一位著名律師的幫助，總之，一切特別的或能讓被告增光的事情，都會對他的處境很有幫助。」

就是打動陪審團的感情，這就是辯護律師主要用心的地方，而且和對付一切群體一樣，需要的論證並不多，或只採用非常幼稚的推理方式。一位因為在刑庭上贏了官司而聲名顯赫的英國大律師，總結出律師應當遵循以下行為準則：

進行辯護時，他要細心觀察陪審團。就會有很多最有利的機會。律師憑藉自己的眼光和經驗，從陪審員的面容上瞭解每句話的效果，從中得出自己的結論。第一步是要確認贊同他的理由的陪審員有哪些。確定他們的贊同不必花費太多的時間，然後他的注意力應該更多地放在那些看起來有點搖擺的人身上，努力弄明白他們敵視被告的原因。這是他的工作中十分微妙的一部分，因為指控一個人正義感只是其中一個理由，還有很多別的理由。

這幾句話把辯護術的全部奧妙都說了出來。我們可以理解，事先準備好的演說為什麼效果很小，這是因為在法庭上必須根據印象隨時改變措辭。

辯護人不需要讓陪審團的每個人都接受他的觀點，他只爭取那些對普遍觀點有影響的關鍵人物就好。陪審團和一切群體一樣，也有少數對別人有支配作用的人。「我透過經驗發現」，前面提到的那位律師說，「一兩個有影響力的人物就能讓陪審團的人跟著他們走」。那兩三個人就是需要用巧妙的暗示取得他們的信任的人。首先，取悅於他們是最關鍵的事情。群體中已成功博得其歡心的那個人，是處在一個就要被說服的狀態，這時不管向他提出的證據是什麼，他很可能都會認為十分值得讓人相信的。我從有關拉肖的報導中摘錄一段可以證明上述觀點是有趣的事情：

大家都知道，拉肖在刑庭審判過程的一切演說中，他自己的眼睛絕對不會離開他知道或感到既有影響又很固執的那兩三個陪審員。通常他會將那些固執的陪審員先爭取過來。不過有一次在外省，他必須要對付一個陪審員，他花了大半個小時，採用很聰明的論辯，此人依然毫不動搖。這個人是第七陪審員。是第二排椅子上的第一人。局面有點棘手。突然，在激烈的辯論過程中，拉肖停頓了片刻，向法官說：「閣下能不能下令把前面的窗簾放下來？第七陪審員已經被太陽曬暈了。」那個陪審員的臉馬上紅了，他微笑著表達著自己的謝意。就這樣他被爭取到辯方一邊來了。

許多作家，乃至是一些最傑出的作家，最近開展了一場強大的運動來反對陪審制度，而面對一個不受控制的團體犯的錯，這種制度是唯一一個保護我們不被傷害的辦法。[44]有些作者支持招募陪審員只從受過教育的階層裡，但是我們已經知道，甚至在這種情況下，陪審團的判決和回到目前的制度是一樣的。還有些作者以陪審團犯下的錯誤為根據，希望將陪審團廢除用法官將之取代。真是令人無法理解，這些一意孤行的改革家怎麼會忘了，被指責為陪審團所犯下的錯誤，首先是法官先犯下的錯誤，而且當被告

44 實際上，最不受行為控制的唯一行政官員就是地方官員。儘管有不少次的革命，可是民主的法蘭西也沒有一部讓人自豪的《人身保護法》（*Habeas Corpus*）。即使消滅了所有專制者，但是每個城市任命一個隨意處置公民榮譽和自由的地方官，一個毫無意義的督察官（juge d'instruction），通常還是來自大學剛畢業的新手，卻手握惡劣行政權，他可以根據自己的自由判斷而將一個有地位的人送進牢房，而且不需要向任何人做請示或說明。他們以調查為藉口，可以隨意將這些人關押六個月甚至一年的時間，事後也不會做出任何賠償或道歉。

被帶到陪審團面前時，一些地方官員、督察官、公訴人和初審法庭已經判他有罪了。由此可見，如果對被告做出判決的不是陪審員而是地方官，他找回清白的唯一機會也將會失去。地方官出現錯誤在陪審團的錯誤之前。所以，當特別嚴重的司法錯誤出現時，首先應當是地方官先被譴責，譬如最近對L醫生的指控就是這樣。有個愚昧無知的督察官根據一位有點智障的女孩的揭發，對他提出起訴。那個女孩指控醫生為了三十個法郎，擅自為她做手術。若不是將公眾都惹惱了，最高法院院長馬上讓他得以自由，他是一定會被困在監獄。這個被指控的人得到了自己同胞的讚譽，這一錯案的野蠻性由此顯而易見。對於這一點那些地方官自己也承認了，但是考慮到身分，他們在簽署赦免令時也是極力阻撓。在所有類似的事情上，遇到自己理解不了的技術細節時，陪審員都會傾聽公訴人的意見，因為他們認為，那些在弄清楚最複雜的事態上有模有樣的官員，已經對這個事件進行調查了。那麼，錯誤的真正製造者是誰呢？是地方官還是陪審團？我們應當對於陪審團給予維護，因為它是唯一不能由任何個人來取代的群體類型。只有它能夠讓法律的嚴酷性可以得以緩解。這種對任何人都公平對待的法律，對於特殊情況，從原則上說既不考慮也不承認。法官是固執冷酷的，他不理會任何事情除了法律條文，出於這種職業的嚴肅性，他對晚上殺人越貨的人，和因為貧困、因為受到誘姦者的拋棄而殺嬰的可憐女性，施以的刑罰是一樣的。而陪審團本能的看法會是，相比較逃避開法網的誘姦者，被誘姦的女性罪過很小，對她應當從寬處理。

在對身分團體的心理和其他群體的心理都有了瞭解以後，對於一個受到錯誤指控的案件，我不可能仍然認為，我不應當去和陪審團打交道，而應當去找地方官。從前者那裡我還有些找回清白的機會，讓後者認錯的機會卻是微乎其微。群體的權力令人生畏，然而有些身份團體的權力更讓人畏懼。

4.選民群體

提要：選民群體的一般特點／說服他們的辦法／候選人應當具備的素質：名望的必要性／工人農民為何很少選舉自己的同行／詞語和話術對選民的影響／競選演說的一般特點／選民的意見是如何形成的／政治委員會的權力／它們代表著最可怕的專制／大革命時期的委員會／普選權雖有缺陷，但不能廢除／為何寧可限制選舉權也不會改變選舉結果。

選民群體，顧名思義，有權選出某人擔任官職的集體，是異質性群體，但是由於他們的行為僅限於一件規定十分明確的事情，也就是在不同的候選人中做出選擇，所以他們只具有前面講到過的少數特徵。在群體特有的特徵中，他們表現出來的推理能力很少，缺乏批判精神，輕信、容易發怒並且頭腦簡單。此外，從他們的決定中也可以發現群眾領袖的影響，和我們列舉過的斷言、重複、和傳染這些因素的作用。

讓我們來看一下說服選民群體的辦法。從最成功的辦法中，發現他們的原理就更容易。

首先，候選人應當負有名望，這一點非常重要。只有財富能夠取代個人名望。才幹甚至天才，都不是非常重要的成功要素。

負有名望的候選人必須能夠迫使選民不經討論就接受自己，這一點也是極其重要的。選民中大多數人都是工人或農民，他們基本上不會選自己的同行來代表自己，這是因為這種人在他們中間沒有名望。當他們偶然選出一個和自己相同的人時，一般也是有一些次要原因的，例如為了向某個大人物或有權勢的雇主——選民平常要依靠他——洩憤，或是因為透過這種方式他能夠一時產生成為其主人的幻覺。

候選人若想保證自己取得成功，單單有名望是不行的。選民特別在意他表現出貪婪和虛榮。他必須用最荒誕的哄騙手段才能征服選民，要果斷地向他們做出天方夜譚的許諾。

如果選民是工人，那就侮辱和中傷雇主，再多也是有必要的。對於競選對手，必須利用斷言法、重複法和傳染法，竭盡全力讓人相信他是個十足的無賴，他惡行不斷是所有人都知道的事實。為任何表面證據浪費精力都是沒有必要的。對手如果對群體心理並不瞭解，他會用各種論證替自己辯護，而不是節制自己用斷言來回應斷言，如此一來，他任何獲勝的機會就沒有了。

候選人寫成文字的綱領不能太絕對，不然他的對手在以後會憑藉它來對付自己。但是在口頭綱領中，再誇大其詞也是可以的。在承諾最重要的改革時可以不害怕。做出這些誇張能夠有很大效果產生的，但它們對未來沒有約束力，所以不斷地進行觀察是非常必要的，而選民不會為這事操心，自己支持的候選人在實行他所贊成的競選綱領的路上走了多遠他並不想知道，哪怕他以為就是這個綱領讓他的選擇有保證。

在以上這種事情中，能夠知道我們前面討論過的所有說服的因素。我們在各種口號和話術所產生的作用中看到它們，這些東西神奇的控制力我們已經談到了。一個明白怎麼運用這些說服手段的演說家，他能夠用刀劍成就的事情用這種辦法照樣沒問題。像非分之財、品質惡劣的剝削者、可敬的勞工、財富的社會化之類的說法，會一直產生同樣的效果，儘管它們已經被用得有些陳舊。此外，如果候選人嘴裡都是新詞，其涵義又極其枯竭，因而能夠滿足各不相同的各種願望，他也一定能取得勝利。西班牙一八七三年那場兇殘暴力的革命，就是因為這種含義複雜、所以每個人都能做出自己的解釋的奇妙說法引起的。當時的一位作者對這種說法的出現進行了描述，值得引用於此：

激進派已經發現集權制的共和國其實是君主國的喬裝打扮，於是為了迎合他們，議會全體一致宣告建立一個「聯邦共和國」，雖然投票者中誰也不清楚自己投票贊成的是什麼。但是這個說法卻讓人都很滿意。人們興奮並陶醉於其中。美德與幸福的王國就要在地球上揭幕。共和主義者如果被對手拒絕授予聯邦主義者名稱，會認為自己受到了致命的侮辱。人們在大街上互致問候的時候會是這樣說：「聯邦共和國萬歲！」然後一片讚美之聲便響起，對軍隊紀律散漫這種奇怪的美德和士兵自治大加讚美。人們對「聯邦共和國」的理解又是什麼呢？有些人認為它指的是各省的解放，這是與美國和行政分權制相似的制度；還有些人則認為它就是將一切權力都消滅，快速地開始進行偉大的社會變革。巴賽隆納和安達路西亞的社會主義者贊成公社權力至上，他們建議在西班牙設立一萬個獨立的自治區，制定相應的法律可以是根據它們自己的要求，在建立這些自治區的同時員警和軍隊是完全不能存在的。在南部各省，叛亂很快便開始從一座城市蔓延到另一座城市，從一個村莊向另一個村莊擴散。有個發表了宣言的村莊，它做的第一件事情，就是立刻把電報線和鐵路都破壞了，從而將與相鄰地區和馬德里的一切關係都切斷。處境最可憐的村莊注定只能依附別人生活。聯邦制給各立門戶大開方便之門，殺人放火到處都是，人們都是作惡多端。這片土地上被血腥的狂歡充斥著。

至於理性對選民的頭腦可能產生的影響，要想對這個問題不生任何疑心，千萬別看那些有關選民集會的報導。在這種集會上，證據確鑿、痛罵對手，有時甚至拳腳相加此起彼落，但絕對聽不到論證。即使有片刻安靜的時候，也是因為有個享有「粗漢」名聲的人在場，宣稱自己要用一些讓聽眾開心的麻煩問題將候選人難倒。然而反對派的滿足是沒辦法長命的，因為提問者的聲音馬上就會被對手的叫喊壓倒。從報紙的成千個類似事例中選出來的關於公眾集會的以下報導，就是這方面的典型：

會議的組織者之一請大會選出一名主席，全場立刻騷亂起來。無政府主義者跳上講台，粗暴地將會議桌佔領了。社會主義者強烈反抗；人們相互扭打，每一派都指責對方是拿了政府佣金的奸細。等等……一個眼睛被打青了的公民離開了會場。

在一片喧鬧聲中，無奈之下會議只得拖延，說話的權利變成了X同志。

這位演講人開始熱情澎湃地對社會主義者進行抨擊，他們則用「白癡、無賴、流氓！」等這樣的罵聲將他打斷。X同志則以這些髒話為依據提出一種理論，根據這種理論，社會主義者是「白癡」或「可笑之人」。

昨晚，預演「五一節」工人慶祝會，阿勒曼派在福伯格宮大街的商會大廳組織了一次大會。「沉著冷靜！」就是會議的口號。

G同志——暗指社會主義者是「白癡」和「騙子」。所有這些惡言惡語都會引起互相攻擊，演講者和聽眾甚至會動手打架。椅子、桌子、板凳，全都變成武器。

等等，不一而足。

千萬不要以為，這種描述只針對頑固的選民群體，並且由他們的社會地位所限定。在不管是什麼樣名稱的集會中，即使參與者全是受過高等教育的人，會上的爭論也都是一樣的。我已經說過，當人們聚集成一個群體時，有一種因素就會產生作用將他們的智力水準降低，在所有的場合都有這樣的例子來證明。譬如，一八九五年二月十三日的《材報》上就有一篇報導是和一次集會有關的：

那個晚上，伴隨時間的流逝，喧囂聲越來越響了。我認為沒有一個演講者能夠說上兩句話而不會被人打斷。有人從這裡或那裡邊走邊叫喊著，或者是喊聲四起，整個房間被喧囂聲充斥著。掌聲中摻雜著噓聲，聽眾中的一些成員也在不斷進行著激烈的爭吵。一些人發瘋般揮舞著木棒，另一些人一直敲擊著地板。打斷演說的人引來一片呼喊：「把他轟下去！」或「讓他說！」

C先生滿嘴都是笨蛋、弱者、惡棍、厚顏無恥、見利忘義、打擊報復之類的用語，他宣稱要把這些東西統統消滅。

等等。

人們也許會問，選民處在這種環境裡的，意見怎麼能夠保持一致呢？提出這樣的問題，就是在集體享有自由的程度這件事上掩蓋一個奇怪的謬見。群體持有別人賦予他們的意見，但是他們絕不能對自己持有合乎理性的意見誇耀。在這裡所談論的事情上，選民的意見和選票是掌握在選舉委員會的手裡的，而政客通常就是它的領袖人物，他們向工人承諾好處，所以在這些人中間有一定影響。今天最勇敢的民主鬥士之一謝樂先生，他說：「你是否知道選舉委員會是什麼？它不多不少，是我們各項制度的基石，是政治機器的一件傑作。今日法國就被長期選舉委員會所統治。」[45]

只要候選人能夠為群體所接受，並擁有一定的財產，對群體產生影響很容易。根據

45 委員會不論是以什麼名稱出現，俱樂部也好，辛迪加也罷，基本都包含著群體的權力所造成的最可怕的危險。現實生活中，它們代表的是最為非人格的、最有壓迫下的專制形式。可以這麼說，委員會的領袖是代表集體說話和行為的，所以他們可以對任何後果不負責任，他們有著根據自己的選擇行事的位置。就算那些殘暴的君王也難以想像革命委員會的人擁有如此大剝奪權。巴拉斯就曾說，他們要在國民公會裡大開殺戒，隨意裁撤議員。群體的統治就是以這個委員會的統治為核心，因而也是這個委員會領袖的統治。很難想像還有什麼會比這更為惡劣的暴政。

捐款人的招認，三百萬法郎就能確保布朗熱軍重新當選。

選民群體的心理學就是如此。它和其他群體一樣：不好也不壞。

所以，從以上所言我並沒有得出反對普選的結論。我清楚了它的命運，但是出於一些實際的原因，我願意讓這種辦法可以保留。事實上，我們是在對群體心理進行調查後才將這些原因歸納了出來，基於這些考慮，我要更深一步地闡述它們。

不必懷疑，普選的弱點非常明顯，所以人們很難坐視不管。必須承認，文明是少數智力超常的人的產物，他們構成了一個金字塔的頂點。伴隨這個金字塔各個層次不斷加寬，智力也在相應地越來越少，它們就是民族中的群眾。一種文明的偉大，如果憑藉僅僅以人多勢眾自誇的低劣成員的選票，是沒辦法讓人放心的。另一件必須承認的事情是，群眾投下的選票可能很危險。它們已經讓我們付出了代價，遭受了若干次的侵略，眼看著群體正在為其鋪設道路的社會主義就要取得勝利，胡思亂想的人民主權論，十有八九只會讓我們付出的代價更加慘烈。

然而，這些不同意見雖然從理論上說很讓人信服，在實踐中卻沒有任何實力。只要沒有忘記觀念變成教條後所具有的無法估量的力量，這一點我們就會承認。從哲學這個角度來看，群體權力至上的教條和中世紀的宗教教條一樣不堪一擊，但是現在它擁有的絕對權力和昔日教條一樣強大，所以它就像過去我們的宗教觀念一樣堅不可摧。可以假設有個現代自由思想家被送回了中世紀。難道你會認為，當他發現在當時很盛行的宗教觀念有著極高的權力後，還會攻擊它們嗎？一旦落入一個能夠直接將他送上火刑柱的法官的手上，指控他和魔鬼有約或參加了女巫的宴饗，他還會對存在著魔鬼或女巫提出質疑嗎？用討論的方式與颶風作對，這比群眾的信念聰明不了多少。普選的教條今天所具備的威力就和過去的宗教具備的一樣。演說家和作家在提到它時表現出的虔誠與屈服，哪怕路易十四也無法感受到。所以對於它必須採取和對待宗教教條一樣的立場，能夠對它產生作用的只有時間。

此外，破壞這種教條的努力更是沒有價值，因為這種教條擁有的外表對自己有利。托克維爾正確地指出：「在平等的時代，有關他們彼此之間全都一樣的說法人們並不相信，但是這種比喻卻使他們對於公眾的判斷力完全的信賴，其原因就在於，所有的人都非常的開明是根本不可能的，真理和人數上的優勢並不會攜手同行。」

選舉權，如果必要的話，把這種權利限制控制在聰明人手裡，如此就能認為，這樣做會對群眾投票的結果有改進嗎？基於我已經說過的理由，我永遠不相信會出現這種情況，也就是一切集體，不管是怎麼樣的成員，智力都會有所下降。在群體中，人們總是傾向於變得智力一般，在一般性問題上，四十名院士的投票和四十個賣水人所投的票相比未必更高明。如果選民只是有教養的和受過教育的人，受到譴責的普選的投票結果就會有很大不同，這點我不相信。不會因為一個人掌握希臘語或數學或者他是個建築師、醫生、獸醫或大律師，就掌握了特殊的智力或社會問題。我們的政治經濟學家每一個人都受過高等教育，他們多半是教授或學者，但是對於貿易保護、雙本位制等這些普遍性問題，他們什麼時候取得過一致意見？理由就是，他們的學問僅僅是我們的普遍無知的一種十分弱化了的形式。在社會問題上，因為未知的因素太多，從本質上說，人們的無知沒有什麼不同。

所以，即使是將各種學問都完全掌握的人組成的選民，他們的投票結果和現在的情況比也不會好太多。他們將仍然被自己的感情和黨派精神所支配。那些我們現在必須解決的困難，我們還是都沒辦法解決，而且肯定會被身份團體暴政所壓迫。

不管選舉權是被限制還是廣泛，不管是在共和制還是君主制之下行使這種權利，不管是在法國、比利時、德國、葡萄牙或西班牙，群眾的選舉權都是一樣的；說了那麼多，想表達的就是一個嚮往和需要種族無意識。在每個國家，當選者的一般意見都是對種族的稟性的反應，而我們能瞭解，這種稟性從一代人傳給下一代人，沒有明顯的變化。

由此可見，我們多次遇到種族這個基本概念。我們經常遇到它，所以就會有另一種認識產生，那就是各種制度和政府對一個民族的生活產生的影響很小。支配著民族的主要是種族的稟性，換句話說，是被某些品質的遺傳殘餘所支配，這些品質的總和，就是稟性。種族和我們日常之需的枷鎖，是對我們命運產生決定性的神祕主因。

5. 議會

提要：議會中的群體表現出異質性群體的大部分特徵／他們的意見的簡單化／易受暗示，但有局限性／他們難以改變的意見和易變的意見／議而不決的原因／領袖的作用／他們是議會真正的主人／演講術的要點／沒有名望者的演說毫無意義／議會成員的感情誇張／國民公會的實例／議會失去群體特徵的情況／專家在技術性問題上的作用／議會制度的優點和危險／適應現代要求，但會造成財政浪費和對自由的限制／結論。

我們在議會中找到了一個有名稱的異質性群體的例子。雖然議會成員的選舉方式因時間而不同，各國之間也很不相同，不過它們的很多特徵卻非常相似。在這種場合，人們會感到種族的影響對群體的共同特徵或者被削弱或者被強化了，但對它們的表現不會有影響。大不相同的國家，如希臘、葡萄牙、西班牙、義大利、法國和美國，它們的議會在辯論和投票上表現很多的相似性，讓各自的政府面對的困難也是相同的。

然而議會制度卻是一切現代文明民族的理想。這種制度反映了一種觀念，也就是在某個問題上，一大群人比一小部分人做的決定有可能更明智而獨立。從心理學上說這種觀念顯然是錯誤的，卻被大眾普遍贊同。

群體的一般特徵在議會中也可以看到：頭腦簡單、易變、易受暗示、誇大其詞以及少數領袖人物起主導作用。但是，因為其構成比較特殊，也有一些獨特的表現，我們現在就簡單說明一下。

議會的主要特徵之一就是意見的簡單化。在所有黨派中，特別是在拉丁民族的黨派中，全部都存在著一種傾向，即依據在一切情況都能適用的最簡單的抽象原則和普遍規律將最複雜的社會問題得以解決。當然，因黨派不同原則也各有不同，但是僅僅因為個人是群體中的一份子這個事實，他們更樂於將自己原則的價值誇大，一定要把它貫徹到最後才行。由此產生的結果是，議會更嚴重地代表著意見都是非常極端的。

議會有著特別坦誠的簡單意見，法國大革命時期的雅各賓黨人就是一個最完美的典型。他們用教條和邏輯對待人，頭腦裡被各種含糊不清的普遍觀念充斥著，他們匆忙地實行著呆板的原則，不關心事實是什麼。在談到他們時，人們有理由認為，他們只是經歷了一場革命，並沒有親眼目睹這場革命。在一些十分簡單的教條的引導下，他們認為自己可以從上到下重新改造一下這個社會，結果卻是讓一個高度精緻的文明倒退回到社會進化更早期的階段。他們為實現自己的夢想而實踐著各種辦法，這點和極端質樸的人擁有的特點是一樣的。實際上，他們只是要統統毀掉那些攔在他們道路上的一切障礙。不管他們是吉倫特派、山嶽派還是熱月派，全都被同樣的精神所激勵。

議會中的群體受暗示的影響就更容易了，甚至就像所有群體一樣，暗示更多的來自很有名望的領導者。不過議會群體這種容易受暗示的特點，界限卻又很明確，指出這一點非常重要。

在有關地方或地區的一切問題上，議會中的每個成員都持有固執不輕易改變的意見，什麼論證都不能讓他動搖。例如就和有勢力的選民的利益相關的貿易保護或釀酒業特權這類問題上，哪怕有狄摩西尼[46]的天賦，也不能讓一位眾議員的投票改變。這些選民在投票期到來之前就發出的暗示，完全可以將來自其他方面的一切取消的建議都壓倒，維護了意見的絕對穩定。

一涉及推翻一屆內閣、開徵一種新稅等一般性問題，就不可能有任何固定的意見了，領袖的建議能夠產生影響，雖然與普通群體中的方式是不同的。每個政黨都有自己的領導者，他們的勢力有時不相上下。結果是，一個眾議員常常會意識到自己夾在兩種

46 狄摩西尼（Demosthenes，西元前384——前332），古希臘政治家，偉大的演說家。

對立的建議之間，所以就猶豫不決。這解釋了為什麼經常會看到他在一刻鐘之內就會做出相反的表決，或為一項法案增加一條使其失效的條款，例如雇主選擇和解雇工人的權利被剝奪，然後又來上一條幾乎要把這一措施廢除的修正案。

也因為同樣的理由，每屆議會也有一些非常穩定的意見和一些十分易變的意見。大體上說，一般性問題數量更多，所以在議會中議而不決的現象屢見不鮮——之所以議而不決，是因為永遠存在著對選民的擔心，從他們那裡收到的建議總是很晚才來，領袖的影響力就有可能被制約。

不過，在無數的辯論中，當涉及的問題議員們沒有強烈的遠見卓識時，那些領袖同樣處在主導地位。

這些領袖的必要性是不言而喻的，因為可以看到他們以團體首領的名義存在於每個國家的議會中。他們是議會的真正統治者。組成群體的人沒了首領便一無所成，所以也可以說，議會中的表決通常只代表極少數人的意見。

只在很小的程度上領袖的影響力是因為他們提出的論據，更多地還是來自他們的名望。一旦不知道什麼原因使他們的威信不復存在，他們的影響力也隨之消失，這點就是最好的證明。

這些政治領袖的名望與頭銜或名聲無關，這屬於他們個人。關於這個事實，西蒙[47]先生在對一八四八年國民議會——他也是其成員之一——的大人物進行評價時，為我們提供了一些非常具體的例子：

路易·拿破崙兩個月以前還很神通廣大，如今卻完全無關緊要了。

維克多·雨果登上了講台。他勞而無功。人們聽他說話就像聽皮阿說話一樣，但是他博得的掌聲卻很少。「我不喜歡他那些想法」，談到皮阿，沃拉貝勒對我說，「不過他是法國最了不起的作家之一，也是最偉大的演說家。」基內儘管聰明機智，智力超強，卻並不被人尊敬。在召開議會之前，他還有些名氣，但在議會裡他卻沒沒無聞。

面對才華橫溢者卻漠不關心的地方，就是政治集會。它所留心的只是那些與時間地點相宜、有利於黨派的滔滔辯才，並不關心它對國家是否有利。若想同一八四八年的拉馬丁和一八七一年的梯也爾擁有同樣的崇敬，必須有急迫而堅不可摧的利益刺激才成。一旦危險消失，它的感激和受到的驚嚇議會就會馬上忘記。

47 西蒙（Jules Simon，1814——1896），法國政治家、激進思想理論家。西元1876年曾任總理。

我引用上面這些話，是因為裡面的一些事實，而不是因為它說的解釋，其中的心理學知識非常匱乏。群體一旦只服從領袖，不管領袖是黨的還是國家的，它自己的個性就會馬上消失。服從領袖的群體是被他的名望所影響的，所以這種服從不被利益或感激之情所支配。

所以，享有足夠名望的領導者幾乎掌握著絕對權力。一位著名的眾議員在很長的時間裡因其名望而擁有巨大的影響力，在上次大選中因為某些金融問題而被擊敗，此事廣為人知。他只需要做個手勢，內閣就會倒台了。有個作家用下面一席話來對他的影響程度進行了說明：

這位X先生，讓我們為他付出我們平常付出代價的三倍，原因就是他，我們在馬達加斯加的地位長期搖搖欲墜，我們在南尼日一個帝國被騙走了，在埃及的優勢我們也失去了。X先生的謬論讓我們丟失的領土，比拿破崙一世的災難更嚴重。

對於這種領袖，我們不必太責備。不錯，因為他我們損失慘重，但是他的大部分影響力都只是順應了民意，而在殖民地事務上，這種民意還沒能超越過去的水準。領袖很少比民意要超前，他所做的一切都可以說是在順應民意，所以其中的所有錯誤也會因之助長。

我們這裡所討論的領袖進行說服的手段，不僅包括他們的名望，還包括一些我們提到過很多次的因素。領袖若想靈活地利用這些手段，就必須做到對群體心理了然於胸，至少也要無意識地做到這一點；他還必須知道與他們該怎麼說話。特別是他應當對各種辭彙、話術和形象的神奇力量都有瞭解。他要具備特殊的辯才，這包括證據確鑿——卸去證明的重負——和生動的形象，並具備非常籠統的論證。在所有集會中都可以看到這種辯才，英國議會中也有，雖然所有議會中英國是最嚴肅的一家。英國哲學家梅因[48]說：

在下議院的爭吵中可以經常看到，整個辯論不過是些軟弱無力的大話和盛怒的個人之間的交鋒。這種一般公式對純粹民主的想像的影響是很巨大的。讓一群人接受用驚人之語表達出來的籠統的斷言，從來都是很簡單的，即使它從沒得到過證實，大概也不會得到證實。

48 梅因（Henry Maine，1822——1888）英國著名法學家、歷史學家，著有《古代法》、《早期制度史》。

以上引文中提到的「驚人之語」，不管說得多重要也不能算過分。我們多次談到詞語和話術的特殊力量。在措辭的選擇上，必須以能夠喚起生動的形象為準。下面這段話摘自我們一位議會領袖的演說，這是一個極好的範例：

這艘船將朝著坐落著我們監獄的那片熱病肆虐的土地駛去，名聲可疑的政客和目無政府的殺人犯都被會關在一起。這對難兄難弟可以聊聊天，把雙方看成是一種社會狀態中互助互利的兩派。

被這樣喚起的形象是非常的鮮活，演說者的所有對手都會覺得自己被它所威脅。他們的腦海裡會有兩幅畫面浮現出來：一片熱病肆虐的土地，一艘將他們送走的船。他們自己難道就沒有可能被放在那些定義模糊的可怕政客中間嗎？他們體驗到的恐懼，和當年羅伯斯庇爾用斷頭台發出威脅的演說給國民公會的人的感覺是沒有區別的。在這種恐懼的影響下，他們一定會向他投降。

口若懸河地說些最不可靠的大話，對領袖會是永遠都有利。我剛才引用過的那位演說家能夠斷言——並且不會遇到強烈的抗議——金融家和僧侶在資助扔炸彈的人，所以大金融公司的總裁同樣會受到和無政府主義者一樣的懲罰。這種斷言在人群中會永遠發生作用。斷言再激烈、聲明再可怕也是正常的。要想把那些聽眾唬住，這甚至是比這種辯術還要有效的辦法。在場的人都會有這種擔心，假如他們表示抗議，他們可能當場被當作叛徒或其同夥被攻擊。

如我所說，這種特殊的辯論術在所有集會中是最有效的。在危難時刻它的作用就更加重要。從這個角度看，法國大革命時期各種集會上的那些大演說家的講話，讀起來都很有意思。他們每時每刻都認為自己必須先斥責罪惡大力宣揚美德，然後再破口大　暴君，發誓不自由寧願死。在場的人站起來熱烈地鼓掌表示贊同，冷靜下來後再坐到自己的座位上。

有時也有智商高、接受高等教育的領袖，但是具備這種品質往往對他有害而不是有利。如果他想說明事情的複雜性，同意對此進行解釋和促進理解，他的智力就會使他變得豁達大度，這會將使徒們所必須的信念的強度與粗暴大大地削弱。在所有的時代，特別是在大革命時期，偉大的民眾領袖狹隘的頭腦讓人驚訝；但可以肯定的是，頭腦最狹隘的人就是影響最大的人。

其中最著名的演說，即羅伯斯庇爾的演說，裡面的自相矛盾讓人吃驚，只看這些演說實在不能理解，為什麼這個大權在握的獨裁者有那麼大的影響：

教學法式的基本知識和廢話，唬弄孩子頭腦的稀鬆平常的拉丁文化，攻擊和辯護所採用的觀點只是些小學生的歪理。沒有思想，措辭上也沒有讓人愉悅的變化，也沒有一針見血的譏諷。只有讓我們非常厭惡的瘋狂斷言。在經歷過一次這種沒有樂趣的閱讀之後，人們就會聽溫和的德穆蘭[49]一起長歎一聲：「唉！」

與極端狹隘的頭腦結合在一起的強烈信念能夠賦予一個有名望的人怎樣的權力，有時想到這就會讓人心驚膽戰。一個人要想把所有障礙都無視，表現出極強的意志力，這些最起碼的條件就必須要滿足。群體在尋找自己的領袖時，本能地會傾向尋找精力旺盛信仰堅定的人，他們一直需要這種人物。

在議會裡，一次演說要想取得成功，不是靠演說者提出的論證，幾乎完全依靠他所具有的名望。如果一個演說者因為種種原因失去名望，他同時也就失去了一切影響，即他根據自己的意志影響表決的能力，這是這方面最好的證明。

當一個沒沒無名的演說者拿著一篇論證充分的講稿出場時，如果他只有論證，充其量他也只能讓人聽聽罷了。一位有做過心理學研究的眾議員，德索布先生，最近描述了一個沒有名望的眾議員用了下面一段話：

他走上講台後，從公事包裡拿出一份講稿，裝模作樣地擺在自己面前，十分自信地開始發言。

他曾自吹自擂說，他能夠讓聽眾確信使他本人感到振奮的事情。他多次重複地強調自己的論證，對那些數字和證據信心滿滿。他堅信自己能夠將聽眾說服。對於他所引用的證據，任何反對都不管用。他一意孤行地演說，相信自己同事的眼光，認為他們會毫無疑問地只會贊同真理。

他一開口說話就驚訝地發現大廳裡很熱鬧，對於人們發出的噪音多少讓他為之惱怒。

怎麼就不能保持安靜呢？怎麼就不關心他的發言呢？對於正在講話的人，那些眾議員腦袋裡在想什麼？這個或者那個議員離開了自己的座位是有什麼要緊的事情嗎？

他臉上流露出一絲不安的神情。他皺著眉頭停止了演講。在議長的鼓勵下，他又將嗓門提高繼續發言，他把語氣加重了，做出各種手勢。周圍的雜訊越來越大，大到他連自己的話都聽不見了。於是他再次停止演講。最後，因為擔心自己的沉默最後會出現可怕的叫喊：「閉嘴！」便又開始說起來。喧鬧聲變得難以忍受。

49 德穆蘭（Camille Desmoulins，1760——1794），著名新聞記者和演說家，法國大革命時期死於羅伯特庇爾的斷頭台上。

當議會極度興奮時，它就和普通的異質性群體沒什麼不同，這時它感情上總愛走極端的特點就會顯露出來。可以看到它做出的舉動是非常偉大的英雄主義，或是犯下的過失是最惡劣的。個人不再屬於他自己，他的自我完全失去了，最不符合他本人利益的措施他也都投票贊成。

法國大革命的歷史說明了議會能夠將自我意識喪失到什麼程度，讓那些與自己的利益完全相反的建議牽著鼻子走。貴族將自己的特權放棄是個巨大的犧牲。但是在國民公會期間那個著名的夜晚，他們斬釘截鐵地這樣做了。議會成員把自己不可侵犯的權利放棄了，自己就會永遠處在死亡的威脅之下，而他們卻做出了這一步；他們並不害怕在自己的階層中草菅人命，雖然他們知道，他們今天將自己的同夥送上斷頭台，明天可能就是他們自己。實際上，他們已經進入了我曾描述過的一個完全不由自主的狀態，任何想法都不能阻止他們贊成那些已經讓他們頭昏腦脹的建議。下面的話摘自他們中間的比勞·凡爾納的回憶錄，這段話很準確地記下了這種情況。他說，「兩天前、甚至一天前我們還不想做出的決定，居然就通過了；造成這種情況的是危機，沒有別的原因。」再也沒有比這更正確的說法了。

在所有群情激昂的議會上，都可以看到同樣無意識的現象。泰納說：

他們批准並下令執行一些他們引以為榮的措施。這些措施不僅看來非常愚蠢，而且簡直就是一場濫殺無辜的犯罪，將他們的朋友殺害。在右派的支持下，左派全體一致，在熱烈的掌聲中把他們的天然首領丹東，也就是這場革命的偉大發動者和領袖，送上了斷頭台。在左派的支援下，右派全部一致，在最響亮的掌聲中把革命政府最惡劣的法令也都表決通過了。議會全體一致，在一片熱烈高呼的讚揚聲中，在對德布瓦、庫車和羅伯斯庇爾等人熱情的頌揚聲中，一再地舉行改選，殺人成性的政府卻留在了台上；平民派憎惡它，原因是它殺人如麻，山嶽派憎惡它，原因是這個政府對它濫殺無辜。平民派和山嶽派，多數派和少數派，最後都落了個同意為他們的同室操戈出力的下場。牧月二十二日，整個議會將自己交給了劊子手；熱月八日，在羅伯斯庇爾發言後的一刻鐘內，這個議會再次做了同樣的事情。

這幅畫面看起來天昏地暗，但它十分準確。議會若是處於興奮和頭腦發昏到一定程度，也會表現出同樣的特點。它會變成不穩定的流體，被一切刺激所限制。下面這段來自斯布勒爾先生有關一八四八年議會的描述，他是一位有著堅定不移的民主信仰的議員。我把《文學報》上這段很有代表性的文字轉引出來。它為我曾經說過的誇張感情這一群體特點、為它的極端多變性提供了一個例子，這使它一刻不停地從一種感情轉向另一種大相徑庭的感情。

共和派之所以會墜入地獄，是因為自己的分裂、嫉妒和猜疑，也是因為它的盲目相信和無節制的願望。它的樸素和天真與它的普遍懷疑不分上下。與沒有法律意識、不知紀律為何物的表現相伴的，是放肆的恐怖和幻想。鄉下人和小孩子在這些方面也比他們強。他們的冷酷和缺乏耐心同樣嚴重，他們的殘暴與馴順不分高低。這種狀態是因為性格不成熟以及缺乏教養造成的自然結果。所有的事情不能讓這種人吃驚，但所有的事情都會讓他們恐慌。出於恐懼或出於大無畏的英雄氣概，他們既能慷慨就義，也會畏首畏尾。

他們不理會原因和後果，不在意事物之間的關係。他們忽而心灰意冷，忽而意氣風發，他們很容易被驚慌情緒所影響，不是太過緊張就是太過沮喪，從來做不到處在環境所要求的心境或狀態中。他們比流水還容易改變，頭腦混亂，行為多變。他們能提供什麼樣的政府基礎？

幸運的是，上述這些在議會中看到的特點，並不是經常出現。議會只是在某些時刻才會成為一個群體，大多數情況下，組成議會的個人仍擁有著自己的個性，這就是議會為什麼能夠制定出十分出色的法律的原因。其實，這些法律的擬訂者都是專家，他們是在自己安靜的書房裡擬訂草稿的，所以，表決通過的法律，其實是個人的產物而不是集體的。這些法律自然就是最好的法律。只有當一系列修正案將它變成集體努力的產物時，它們才有可能產生災難性的後果。群體的產品不管性質如何，與孤立的個人的產品相比，品質總是低劣的。專家阻止著議會通過一些考慮不周全或行不通的政策。在這種情況下，專家是群體暫時的領袖。議會沒辦法影響他，他卻可以影響議會。

議會的運作雖然面對很多的困難，卻依舊是人類目前為止已經發現的最佳統治方式，特別是人類已經找到的擺脫個人專制的最佳方式。不管是對於哲學家、思想家、作家、藝術家還是有教養的人，總言之，對於所有構成文明主流的人，都可以說議會是理想的統治。

不過，在現實中議會也造成兩種嚴重的危險：一是不可避免的財政浪費，二是對個人自由的限制不斷增加。

第一個危險是各種迫切解決的問題和當選群體沒有遠見的必然產物。假如有個議員提出一項顯然符合民主理念的政策，譬如說，他在議案中建議所有的工人能得到養老津貼必須得到保障，或建議給所有級別的國家雇員增加薪水，其他眾議員因為害怕自己的選民的利益會因為這一提議受到影響，他們似乎不敢不重視後者的利益，反對這種提議中的政策。雖然他們清楚這也是為預算增加新的負擔，新稅種的設立也是必然的。他們不可能在投票時猶豫不決。增加開支的後果屬於遙遠的未來，不會給他們自身造成不利的結果，如果投了反對票，當他們為連選連任而露面時，其後果就會清楚地展現在他們面前。

除了擴大開支這個原因外，還有一個原因同樣具有強制性，也就是一切為了地方目的的補助金必須投票贊成。一名眾議員沒辦法對這種補助提出反對，因為它們同樣也是對選民的迫切需要的反映，也因為每個眾議員只有同意自己同僚的類似要求，才有條件為自己的選民爭取到同樣的補助金。[50]

第二個危險是議會對自由不可避免的限制，這個並不是很容易就被看到，卻是十分真實的。這是大量的限制性措施的法律造成的結果，議會認為自己有義務表決通過，但是由於目光短淺，它在很大程度上對其結果一無所知。

這種危險當然是無法避免的，因為即使在英國這個提供了最通行的議會體制、議員對其選民保持了最大獨立性的國家，也存在這種危險。赫伯特·斯賓塞在以前的一本著作中就說了，表面自由的增加一定和真正自由的減少相互依存的。在他最近的《人與國家》一書中再次談到了這個問題。在討論英國議會時，他表達了自己的觀點：

自從這個時期以來，立法機構一直參照著我指出的路線。迅速擴大增長的獨裁政策一直傾向於限制個人自由，有兩個方面可以證明這一點。每年制定出大量的法律，限制一些過去公民行為完全自由的事務，強迫他做一些過去無關緊要的事情。同時，日益沉重的公共負擔，特別是地方公共負擔，通過對他可以自由支配的收益配額的削減，把公共權力取之於他並根據自己的喜好開銷的配額增加，將他的自由進一步限制了。

這種不斷對個人自由進行的限制，在每個國家都有斯賓塞沒有明確指出的各種具體的表現形式。正是這些大量的立法措施的通過，雖然大多都是些限制性法令，實施它們的公務員的數量、權力和影響必然會大大增加。朝著這個方向走下去，這些公務員成為文明國家的真正主人才有可能。他們擁有的權力更大，原因是在政府不斷更換的過程中，他們是唯一不會被這種不斷變化所觸動，只有他們沒有責任可以承擔，不需要個性，一直存在。實行壓迫性的專制，就是具備這三種特點的人。

50 發表於西元1895年4月6日的《經濟學家》雜誌上，評論了只出於競選的原因而造成的主要是鋪設鐵路方面的開支數目。為將朗蓋耶（3000居民的山區小鎮）與普伊連接起來，表決修建一條耗資1500萬法郎的鐵路。另有700萬用在連接博芒特（3500名居民）和卡斯特爾薩拉金鐵路上，700萬用在奧斯特（523名居民）連接塞克（1200名居民）的鐵路上，600萬用在普拉德連接奧萊特存的鐵路上，如此等等。僅西元1895年一年，就有9000萬法郎被用在了地方鐵路上。

不斷地有一些限制性的法規被制定，用最複雜的不能變通的條例把最微小的生活行為包圍起來，難免會使公民自由活動的空間會被限制得範圍越來越小。各國被荒謬的見解所蒙蔽，認為制定更多地法律是保障自由與平等的最好辦法，所以它們每天都有一些越來越不堪忍受的束縛被批准進行。它們已經習慣於給人以桎梏，很快便會達到需要奴才的地步，失去一切自發精神與活力。那時他們只是些虛幻的人影，消極、聽話、有氣無力的酒囊飯袋。

若是到了這個地步，個人一定會尋求那種在他自身上已經沒有的外在力量。政府各部門與公民的麻木和無望必然是同步增長。所以它們必須將私人所沒有的主動性、首創性和指導精神表現出來。這就要求它們要承擔一切，領導一切，要將所有納入他的保護之下，國家就這樣成了全能的上帝。而經驗告訴我們，這種上帝不但很短暫，而且很軟弱。

在某些民族中，一切自由受到的限制也就越來越多，雖然表面上的許可讓它們心生一種幻覺，認為他們還擁有這些自由。它們的衰老在造成這種情況上所產生的作用，至少和任何具體的制度一樣大。這是直到今天任何文明都無法逃脫的衰落期的不祥先兆之一。

根據歷史的教訓以及各方面都膽戰心驚的那些先兆判斷，我們的一些現代文明已經處於衰敗期之前那些歷史上早就存在的時代。所有的民族似乎都一定要經歷同樣的生存階段，因為看起來歷史是在不斷地重複它的過程。

關於文明進化的這些共同階段，做個簡單的說明很容易，我對它們簡單概括一下，為本書做結。這種速記式的說明，也許能夠啟發我們理解目前群眾所掌握的權力的原因。

如果我們根據主要線索，對我們之前那些文明的偉大與衰敗的原因進行評價，我們會發現什麼呢？

在文明誕生的時候，一群來源不同的人，因為移民、入侵或佔領等原因聚集在一起。他們有不同的血緣、不同的語言和信仰。使這些人結為整體的唯一共同的紐帶，是沒有完全得到某個領袖承認的法律。這些混亂的人群群體特徵非常的明顯。他們有短暫的團結，既表現出英雄主義，也有種種弱點，易衝動而性情狂狷。沒有東西能把他們牢固地聯繫在一起。他們是野蠻人。

文明經過漫長歲月的滌蕩而成。一致的環境、種族間不斷出現的通婚和共同生活的必要性發揮了作用。不同的小群體開始融合成一個整體，形成一個有共同的特徵和感情的群體，也就是一個種族，它們在遺傳的作用下變得牢不可破。這群人變成了一個民族，這個民族又能將它的野蠻狀態擺脫掉。但是，想要完全形成一個民族，就必須要在經過長期的努力、必然不斷重複的鬥爭以及多次的反覆，讓它獲得了某種理想之後。這個理想具有的性質是什麼無關緊要，不管是崇拜羅馬、雅典的強盛還是真主阿拉的勝利，都可以在個人情感和思想上讓一個種族中的每個人形成完全的統一。

在這個階段，一種新文明便誕生了，它包含著各種制度、信念和藝術。這個種族在追求自己理想的過程中，會逐漸擁有某些它建功立業所必須的素質。不用質疑，它有時仍然是烏合之眾，但是在它變幻不定的特徵的背後，會有一個穩定的基礎形成，這就是一個種族的稟性，它對一個民族在狹小的範圍內變化有決定性作用，也支配機遇的作用。

在做完其創造性工作之後，時間就開始了破壞的過程，不管是神仙還是普通人，都會經歷這個階段。一個文明在達到一定的強盛和複雜程度之後，它便會安於現狀，而一旦停滯不前，注定會進入衰落的過程。這時它的老年期就到來了。

這個無法避免的時刻，總是首先以作為種族支柱的理想先衰弱為特點。同這種理想的衰弱相對應，就是以它的激勵為基礎建立起的宗教。政治和社會結構也開始發生動盪。

隨著這個種族的理想不斷削弱，它也越來越失去讓自己團結強盛的品質。個人的個性和智力可以增長，但是自我意識的過度發展會把這個種族集體的自我意識取代，同時性格的弱化和行動能力的減少也會隨之而來。本來是一個民族、一個聯合體、一個整體的人群，最終會變成一群沒有凝聚力的個人，他們在一段時間裡能聚集在一起，僅僅是因為傳統和制度。正是在這個階段，被個人利益和願望弄得支離破碎的人，已沒有了治理自己的能力，所以在最不值一提的事情上也依賴領導，於是國家引人注目的影響開始發作。

伴隨古老理想的喪失，這個種族的才華也隨之消失了。它僅僅是一群獨立的個人，只是回到了自己的原始狀態，這個狀態就是一群烏合之眾。它不但缺乏統一性而且沒有未來，只有烏合之眾那些一時的特性。它的文明現在已經沒有了穩定性，只能順其自然。民眾就是最高的權力，野蠻風氣盛行。文明也許仍然美麗而有光彩，因為悠久的歷史賦予它的外表還在，其實它已成了一座危在旦夕的大廈，它沒有什麼可以支撐，下次風暴到來，它就會馬上滅亡。

在對理想進行追求的過程中，從野蠻狀態發展到文明狀態，然後，當這個理想的優點不再時，就是朝著衰落和死亡走去，這就是一個民族的生命循環過程。

······ **NOTE** ······

NOTE

······ NOTE ······

國家圖書館出版品預行編目資料

烏合之眾：大眾心理研究 / 古斯塔夫・勒龐作. －－初版. －－ 新北市：華志文化, 2016.03
面； 公分. －－ (世界名家名譯 ; 01)
譯自 : The crowd : a study of the popular mind
ISBN 978-986-5636-47-0(平裝)
1.群眾心理學

541.773 105000946

華志文化事業有限公司
系列／命理館 C401
書名／烏合之眾：大眾心理研究

作者 （法）古斯塔夫・勒龐（Gustave Le Bon）
執行編輯 林雅婷
美術編輯 簡郁庭
封面設計 黃雲華
文字校對 陳麗鳳
企劃執行 康敏才
總編輯 黃志中
社長 楊凱翔
出版者 華志文化事業有限公司
電子信箱 huachihbook@yahoo.com.tw
地址 116 台北市文山區興隆路四段九十六巷三弄六號四樓
電話 02-22341779
印製排版 辰皓國際出版製作有限公司

總經銷商 旭昇圖書有限公司
地址 235 新北市中和區中山路二段三五二號二樓
電話 02-22451480
傳真 02-22451479
郵政劃撥 戶名：旭昇圖書有限公司（帳號：12935041）

出版日期 西元二〇一六年三月初版第一刷
售價 二四〇元

華志文化

華志文化

華志文化